Meine Gelddruckmaschine

Wie Du in 4 verblüffend einfachen Schritten vom
Tellerwäscher zum Millionär wirst
(finanzieller Minimalismus auch ohne
Vorkenntnisse zu Geld und Finanzen)

von Christopher Klein

IndieBücher

Trage Dich jetzt auf Indie-Bücher.de ein und erhalte regelmäßig Buchangebote zum Aktionspreis! Abonnenten erhalten E-Books in der Woche der Veröffentlichung für nur 0,99€ und Taschenbücher sogar zum Druckkostenpreis (versandkostenfrei)!

Zusätzlich erhältst Du direkt nach Deiner Eintragung einen Link, über den Du exklusives Bonusmaterial zu diesem Buch herunterladen kannst. 100% kostenlos!

Sichere Dir jetzt unter www.indie-bücher.de/buchaktionen/ wertvolle Boni, exklusive Angebote und Megarabatte!

Weitere Boni

Kostenloses Haushaltsbuch

Das kostenlose Haushaltsbuch wirst Du im ersten Kapitel, „Geld sparen" benötigen. Es ist eine vollverknüpfte Excel-Vorlage, die es Dir ermöglicht, versteckte Ausgaben und Verbindlichkeiten zu identifizieren. Der erste Schritt in die finanzielle Freiheit.

Gratis Haushaltsbuch unter
http://www.geldsystem-verstehen.de/best-practise-exclusiv/geld-system-verstehen.de%20l%20Haushaltsplan.xlsx
herunterladen.

Kostenlose persönliche Finanzplanung in 5 Schritten

Deine Finanzen sorgfältig zu planen ist fundamental, wenn Du sie im Griff haben willst und Dir damit langfristig einen Geldbaum züchten möchtest. **Gratis Finanzplan unter** www.geldsystem-verstehen.de **herunterladen.**

Kostenlose Reports

Um mit Indexfonds und ETFs ein Vermögen aufzubauen, brauchst Du ein Depot. Die Wahl zwischen der Vielzahl der Anbieter ist jedoch alles andere als einfach. Als Entscheidungshilfe kannst Du meinen gratis Report nutzen. Darin werden die 8 besten Depotanbieter anhand der in diesem Buch relevanten Faktoren verglichen.

Gratis Report unter
http://upvir.al/35962/die_besten_etf_Depotanbieter_gratis_report
herunterladen.

Um mit P2P-Kreditvergabe ein passives Einkommen bzw. ein Vermögen aufzubauen, musst Du den richtigen Anbieter wählen. Eine praktikable Übersicht der 7 besten Depotanbieter, kannst Du in nachfolgendem Report einsehen. **Gratis Report herunterladen unter:**
http://www.geldsystem-verstehen.de/Passives-Einkommen/
p2p%20und%20crowdinvesting_7_geniale_Anbieter_PDF.pdf

Bibliografische Information der Deutschen Nationalbibliothek
Die Deutsche Nationalbibliothek verzeichnet diese Publikation in der Deutschen Natio-
nalbibliografie; detaillierte Daten sind im Internet abrufbar über: > http://dnb.dnb.de <

Für Fragen und Anregungen:
chris@indie-bücher.de

Meine Gelddruckmaschine
1. Auflage, 2017
© by GbR: Christopher Klein & Jens Helbig
ein Imprint der GbR: Christopher Klein & Jens Helbig
Kirschgartenstr. 13
90419 Nürnberg

Buchsatz: Christopher Klein
Lektorat & Korrektorat: Carola und Friedhelm Klein, Frank L., F. Martin
Cover: Christopher Klein → chris@indie-bücher.de

ISBN-13: 978-3-947061-17-4

Weitere Informationen findest Du unter
https://www.amazon.de/-/e/B00LPWD4VY (Shop)
Besuche auch gerne unseren Webseiten unter www.geldsystem-verstehen.de

Inhaltsverzeichnis

Vorwort

„Holzhacken ist deshalb so beliebt, weil man bei dieser
Tätigkeit den Erfolg sofort sieht."
~ Albert Einstein

Weder an Schulen noch Universitäten wird das Thema „Geld" auf eine Weise behandelt, die persönlich wirklich hilfreich wäre. Das kann selbst ich, als studierter Volks- und Betriebswirt mit Masterabschluss an renommierten Universitäten, bestätigen. Geld ist ein Tabuthema, weil es der maßgebliche Schlüssel zu Freiheit und Unabhängigkeit ist. Ein Status, der nicht wirklich dazu beiträgt, mehr willige Hamster für das große Rad eines Geld- und Wirtschaftssystems zu „erzeugen", von dem in Wahrheit nur das obere ein Prozent profitiert. Doch warum dies so ist und wie man dieses System für sich selbst nutzen kann, das ist noch immer weitgehend unbekannt. Leider.

Dieses Buch ist der erste Teil einer Schnellstartanleitung die selbst blutige Anfänger zu Finanzexperten macht. Ein Best-of einiger meiner Werke – und mehr! Ein Buch, das Einsteiger wie Fortgeschrittene Schritt-für-Schritt an die Hand nimmt die Geldgleichung zu entschlüsseln und das Hamsterrad ein für alle Mal hinter sich zu lassen. Ich nehme Dich an die Hand und zeige Dir, wie ich es in wenigen Jahren geschafft habe, nicht nur finanziell frei zu leben, sondern mir eine „Gelddruckmaschine" aufzubauen, die vollautomatisch und ohne Limits – ob Tag oder Nacht – einen wachsenden Einkommensstrom erzeugt.

Gerade als Anfänger mag dies unwirklich klingen. Daher habe ich dieses Buch als konkrete Schritt-für-Schritt Anleitung konzipiert, die es lediglich zu kopieren gilt, um auch Dir eine Geldmaschine zu bauen. Auf Deinem Weg wünsche ich Dir allen erdenklichen Erfolg und stehe Dir für Fragen immer gerne unter *chris@indie-bücher.de* zur Verfügung.
Christopher Klein

Geld verstehen

*„Eine Investition in Wissen
bringt noch immer die besten Zinsen."
~ Benjamin Franklin*

Geld ist nach wie vor ein Mysterium. Obwohl wir alle mehrmals täglich damit umgehen, es ständig im Gespräch ist und sich die ganze Welt darum zu drehen scheint, bleibt es dennoch missverstanden. Das liegt zum einen an unserer mangelhaften Schulbildung in diesem Bereich und zum anderen daran – so meine persönliche Meinung –, dass wir es gar nicht verstehen sollen.

Solange man Geld und seine Funktionsweise nicht versteht, ist es allerdings unmöglich, finanzielle Erfolge im Leben zu feiern.

Als studierter Volks-, Betriebs- und Finanzwirt habe ich mich lange mit dem Finanz- und Geldsystem auseinandergesetzt. Es hat mich erstaunt, wie viele grundlegende Mechanismen im Studium entweder viel zu kurz kommen, oder gar nicht erst beachtet werden – vor allem jene, die den größten Einfluss auf unser Finanz- und Geldsystem haben! Die Schule, ähnlich einem wirtschaftswissenschaftlichen Studium, bereitet darauf vor, später einen guten Hamster im Rad zu spielen. Sie übersieht dabei völlig, uns zu lehren, wie man ihm entkommt.

In diesem Kapitel möchte ich Dir daher die wesentlichen Eckpfeiler aufzeigen, die unser System derzeit definieren. Hast Du diese einmal verstanden, wirst Du Deine Beziehung zu Geld ganz automatisch zum Positiven verändern.

Das Warum kommt vor dem Wie

„Das Geld, das man besitzt, ist das Mittel zur Freiheit,
dasjenige, dem man nachjagt, das Mittel zur Knechtschaft."
~ Jean-Jacques Rousseau

Die Beschäftigung mit dem Geld bedarf Durchhaltevermögen und kann durchaus auch mal frustrierend sein. Deshalb ist das Warum so viel wichtiger, als das Wie! Bevor ich Dir praktische Strategien und ungewöhnliche Tipps gebe, ist es wichtig, Dein Warum zu erkunden. Solange Du weißt, weshalb Du diesen Prozess gehst, wirst Du ihn auch an einem Tag verfolgen, an dem Du mal keine Lust darauf hast. Ganz einfach, weil am Ende Deines Weges ein sehr lohnendes Ziel steht.

Warum möchtest Du Deine Finanzen in den Griff bekommen, Geld sparen, mehr verdienen, reich werden, bzw. ein Vermögen aufbauen?

Nimm' Dir für die Beantwortung dieser Frage einige Minuten Zeit und brainstorme. Nimm' Zettel und Stift zur Hand und schreibe - ohne logisch nachzudenken - einige Gründe auf. Bitte überspringe diesen ersten Schritt nicht gleich, sondern befolge ihn. Er kostet Dich nicht mehr als 5 Minuten, verschafft Dir aber wichtige Klarheit über Deine Ziele. Ziele, ob finanzieller Natur oder auf andere Lebensbereiche bezogen, derer Du Dir vorher möglicherweise noch gar nicht bewusst warst. Lasse Deinen Gedanken und Inspirationen freien Lauf. Das heißt, filtere sie nicht, sondern schreibe alles nieder, was Dir spontan in den Sinn kommt. Los geht's!

Hoffentlich ist Dein Blatt Papier nach einigen Minuten randvoll mit interessanten Ideen und Gedanken. Wenn Du Dir nun Deine Gedanken ansiehst, wirst Du vermutlich feststellen, dass es sich bei fast allen Ideen nicht direkt um finanzielle Ziele handelt. Deine Ziele sind in der

Regel erst in zweiter Linie, indirekt, finanzieller Natur. Einige meiner Ziele waren zum Beispiel:

- Ich möchte ortsunabhängig arbeiten können.
- Ich möchte keinen finanziellen Stress mehr haben.
- Ich möchte genug Geld zur Verfügung zu haben, um mir die Dinge leisten zu können, auf die ich Lust habe (übertrieben dem Konsumismus verfallen war ich allerdings noch nie).
- Ich möchte Reisen. So oft und so viel wie möglich.
- Ich möchte einen gesunden Lebensstil pflegen (Ernährung, Freizeit & Fitness).
- Ich möchte keinen Arbeitsstress mehr haben.
- Ich möchte anderen Menschen (auch finanziell) helfen können.
- Ich möchte meine eigenen Projekte verwirklichen können.
- Ich möchte mehr Freizeit haben, und zwar auch dann, wenn ich sie mir spontan nehmen möchte.

Das sind nur einige wenige Ideen. Sicherlich hast Du auch die ein oder andere davon bei Dir auf dem Zettel, oder kannst Dich wenigstens mit ihnen identifizieren. Bei der Analyse wird schnell klar, dass die meisten Ziele indirekt immer finanzieller Natur sind. Allein deshalb, weil sie sich ohne das nötige Kleingeld gar nicht realisieren ließen.

Natürlich kann man für weniger Arbeitsstress sorgen, wenn man auf einen Teilzeitjob zurückschraubt, aber auch nur dann, wenn man sich die damit einhergehenden Lohneinbußen leisten kann. Ähnlich verhält es sich mit der Gesundheit. Ein gesunder Lebensstil mit gesunden Lebensmitteln kostet in der Regel mehr Geld. Dabei ist „Stress" der entscheidende Faktor für viele Ziele. Die Verringerung von Stress, egal ob Arbeit oder persönliches Umfeld, ist essentiell für ein gesundes, glückliches, erfülltes, produktives, kreierendes Leben.

Das Dilemma von Geld und Glück
(Easterlin-Paradox)

„Ein weiser Mensch sollte Geld im Kopf haben,
aber nicht im Herzen."
~ Jonathan Swift

Bestimmt kennst auch Du den Aphorismus „Geld macht nicht glücklich, aber es beruhigt die Nerven". Leider ist dieser Spruch nur zum Teil richtig. Denn zahlreiche wissenschaftliche Studien haben ergeben, dass Geld, bis zu einem gewissen Betrag, erheblich zum Glücksempfinden beiträgt. An der Universität Princeton in den USA haben die Forscher und Nobelpreisträger Angus Deaton und Daniel Kahnemann 2010 herausgefunden, dass ein Jahresnettoeinkommen von umgerechnet ca. 60.000 Euro diesen Glückspunkt markiert. Menschen, die ein höheres Nettoeinkommen verzeichnen, sind weder glücklicher, noch empfinden sie weniger Stress. Bis zu diesem Betrag trägt allerdings jeder weitere Euro direkt proportional zu den Faktoren Zufriedenheit und Wohlbefinden bei. Umgekehrt gilt, dass diejenigen, die über ein besonders niedriges Einkommen verfügen, überproportional häufig unglücklich sind. Das ist ja auch vollkommen logisch. Wer seinen Alltag täglich mit finanziellen Sorgen zu bestreiten hat, dem fällt es sehr viel schwerer, glücklich zu sein.

Für unsere Zwecke ist konkrete Zahl 60.000 jedoch gar nicht so wichtig.

Schließlich gibt es auch Menschen, die mit wenig Einkommen einen zufriedenen und glücklichen Lebensstil leben, weil sie die grundlegenden Geldprinzipien verstanden haben. Auf der anderen Seite gibt es Großverdiener, die monatlich derart hohe Ausgaben zu bewältigen haben, dass auch sie in Geldsorgen stecken. Eines macht diese Studie jedoch ganz klar. Wer sich um seine Finanzen kümmert und keine Geldsorgen hat, ist generell deutlich glücklicher und zufriedener, als jener, die dies nicht tut!

Wenn man den Zusammenhang von Geld und Glück betrachtet, stößt man auch immer wieder auf das Easterlin-Paradox. Es bezieht sich auf den Grundtrieb des Menschen, nach mehr zu streben. Das Paradox geht auf den US-Ökonom Richard Easterlin zurück. Er hat in den 70er Jahren empirisch nachgewiesen, dass mehr Geld zwar glücklicher macht, dies allerdings nur innerhalb einer Gesellschaft: *„Wer mehr besitzt als sein Mitbürger, sei in der Regel zufriedener"*, so die Aussage. Im Umkehrschluss sind Jene unzufriedener, die weniger haben als ihre Mitbürger. Sich mit Anderen zu vergleichen ist so gesehen ein weiterer Garant für Unglück im Zusammenhang mit Geld. Solange wir uns nämlich mit Anderen in Geldfragen vergleichen, werden wir immer jemanden finden, der mehr hat, besser damit umgeht, mehr einspart, minimalistischer lebt, mehr verdient, mehr einnimmt, usw. Die entscheidende Frage ist dabei jedoch, ob das für Dich und Deine persönliche Situation überhaupt eine Rolle spielt?

Natürlich nicht!

Entscheidend ist einzig und allein, dass Du einen Grad finanzieller Freiheit erreichst, der Dir erlaubt, Dir (und Anderen) Wünsche zu erfüllen und das Leben Deiner Träume zu leben. Ob Dir dies mit einem Netto-Monatseinkommen von 1.000, 10.000 oder 100.000 Euro gelingt, liegt ganz bei Dir. Methoden und Strategien, dies auch mit einem geringen Einkommen zu realisieren gebe ich Dir in der zweiten Hälfte dieses Buches.

Warum Du achtsam mit Geld umgehen solltest
(die Engel-Kurve)

„Wenn die Achtsamkeit etwas Schönes berührt, offenbart
sie dessen Schönheit. Wenn sie etwas Schmerzvolles
berührt, wandelt sie es um und heilt es."
~ Thich Nhat Hanh

Es ist wichtig, achtsam und bewusst mit Geld umzugehen. Am Medium Geld hängt nämlich sehr viel mehr, als lediglich die Möglichkeit, sich irgendwelchen „überflüssigen Ramsch" anzueignen. Diese Achtsamkeit gegenüber dem Geld hängt wiederum vor allem von Deinem Wissen über Geld und Deinen persönlichen (finanziellen) Zielen ab. Je mehr Du über Geld weißt und je präziser Du Deine (finanziellen) Ziele definierst, umso achtsamer wirst Du im Umgang mit Geld. Wenn Du Dich jedoch dem Geld gegenüber intolerant verhältst, wirst Du auch kein Bewusstsein dafür entwickeln. Die Charaktereigenschaften des Geldes sowie der grundmenschliche Trieb sorgen dann zwangsläufig dafür, dass Du in Geldschwierigkeiten gerätst.

Einer dieser menschlichen Triebe zeigt sich im Zusammenhang von Verdienst und Ausgaben. In der Volkswirtschaftslehre, speziell der Mikroökonomik, gehört die sogenannte Engel-Kurve daher zum absoluten Grundwissen. Sie hat mir bereits während des Studiums einen interessanten Fakt über mich, meine Familie, Freunde und Bekannte aufgezeigt. Die Engel-Kurve besagt, dass sich die Nachfrage eines Haushalts direkt proportional zu seinem Einkommen verhält. Verständlich ausgedrückt heißt das, dass man umso mehr ausgibt und verkonsumiert, je mehr man verdient. Auch ich falle diesem Verhaltensmuster regelmäßig zum Opfer und muss mich der Achtsamkeit in Geldthemen immer wieder besinnen. Gerade dann, wenn es mal einen Monat besonders gut läuft.

Es gibt aber auch den gegenteiligen Fall. Menschen, die zu viel ausgeben, unabhängig davon, wie viel sie verdienen. Jene Personen also, die grundsätzlich immer mehr ausgeben, als sie einnehmen. Aus meiner Sicht gibt es auch hierfür verschiedene Erklärungsansätze.

Zum einen sind es häufig Gewohnheiten, die dieses Verhalten dominieren. Vor allem dann, wenn man seinen Lebensstandard im Laufe der Zeit an ein steigendes Einkommen angepasst hat und dann plötzlich, durch externe Umstände (z.B. einen Jobwechsel), weniger verdient. Nur Wenigen gelingt es dann, den über viele Jahre errichteten Lebensstandard wieder herunterzuschrauben und den neuen Gegebenheiten anzupassen.

Zum anderen fehlt aus meiner Sicht nicht selten auch ein Anreiz dafür, weniger auszugeben bzw. Geld ein- oder anzusparen. Man leistet sich Dinge, die man sich eigentlich nicht leisten könnte, ohne sich darüber nähere Gedanken zu machen (Stichwort Geldbildung).

Darüber hinaus gibt es auch viele Menschen, die sich ein Erscheinungsbild nach außen hin aufgebaut haben, das ihnen bzw. ihrer finanziellen Situation gar nicht entspricht. Sie versuchen allerdings mit allen Mitteln, diesen Schein zu wahren, und halten deshalb an einem zu teuren Lebensstil fest. Ganz getreu dem Motto: „Wir kaufen Dinge, die wir nicht brauchen, mit Geld, das wir nicht haben um Leute zu imponieren, die wir nicht mögen." Dazu kommt das bereits angesprochene Prinzip „das Geld zeigt Dir, was Dir wirklich wichtig ist". Vielen ist Konsum schlicht wichtiger als die eigene finanzielle Situation, die eigene Gesundheitssituation, das Wohlbefinden, der Stresslevel oder ganz besonders die eigene (finanzielle) Freiheit und das Bewahren der Kontrolle über die Lebenszeit.

Wenn Du Dich in dem einen oder anderen Punkt wiedererkannt hast, keine Sorge. Das ist völlig normal. Ich selbst habe noch heute immer wieder damit zu kämpfen. Durch einen achtsamen Umgang mit Geld und Methoden dieses Buches habe ich es allerdings immer wieder geschafft, mich am eigenen Schopfe aus dem Schlamassel zu ziehen.

Und wenn mir das gelungen ist, dann kannst Du das mithilfe dieses Buches erst recht!

Was Du (noch) nicht über Geld weißt

„Papiergeld kehrt früher oder später zu seinem inneren Wert zurück, Null."
~ Voltaire

Mit der Suchanfrage „Geld", in Google, erhältst Du aktuell über 200 Millionen Treffer – und jeden Tag werden es mehr. Diese Informationsfülle lässt vermuten, dass im Allgemeinen ein gutes Grundverständnis über seine Funktionsweise existiert. Schließlich ist jeder Mensch auf dieses praktische Tauschmittel angewiesen. Ohne Geld gäbe es heute keine Hüpfburgen, Urlaubsreisen oder korrupte FIFA-Funktionäre – schlicht: es wäre unmöglich (in)effiziente Wirtschaft zu betreiben!

Was wäre nun, wenn ein Großteil der Informationen über Geld aber völliger Quark wäre? Wenn alles, was du meinst über Geld zu wissen, doch nur die halbe Wahrheit ist?

Geld ist ganz abstrakt gesehen nur ein Tauschmittel. Ein Tauschmittel für Güter und Dienstleistungen. Damit ist Geld erstmal nichts weiter als ein „Erleichterer". Es ist der Universalschlüssel, der uns die Möglichkeit gibt, jedes Produkt und jede Dienstleistung zu erwerben.
Denken wir in Richtung finanzielle Freiheit, ist Geld ein Äquivalent zu Zeit.

Je mehr Geld man hat, umso mehr (Frei)Zeit kann man sich damit kaufen. Doch Geld ist noch so viel mehr!

1 Richtiges Geld kann nur die Zentralbank schaffen

Du wirst dich jetzt wahrscheinlich fragen: Was ist denn „richtiges Geld"? Und wenn es richtiges Geld gibt, muss es ja auch falsches Geld – bitte nicht mit Falschgeld verwechseln – geben, oder?

Nein, allerdings gibt es Geld und Ansprüche auf Geld. Richtiges Geld ist für uns nur uneingeschränkt gesetzliches Zahlungsmittel. Damit gelten als richtiges Geld ausschließlich von den Zentralbanken ausgegebene Banknoten. Alle anderen Geldformen sind eingeschränkt gesetzliches Zahlungsmittel (Münzen) oder sogar nicht-gesetzliches Zahlungsmittel! Dies ist der unbekannte Hintergrund der von vielen Seiten geforderten Bargeldabschaffung.

Wenn nur Geldscheine richtiges Geld sind, was siehst du dann auf deinem Kontoauszug? Ansprüche auf (richtiges) Geld!

Ansprüche auf (richtiges) Geld, in der Regel Buchgeld (auch Giralgeld bzw. Sichtguthaben genannt), sind kein gesetzliches Zahlungsmittel! Dein Kontostand sagt also lediglich aus, wie viel Geld Dir die Bank in „richtigem Geld" auszahlen muss. Die gesamten Bestände der Ansprüche auf Geld machen heute allerdings 97% aller Guthaben aus. Wenn also alle zugleich zur Bank laufen, im Fachjargon als Bank-run bezeichnet, und sich ihre Guthaben in richtigem Geld auszahlen lassen wollen, ist der große Finanzcrash vorprogrammiert.

#2 Guthaben sind gleich Schulden!

Auch von dieser Eigenschaft hört man nicht einmal als Wirtschaftswissenschaftler etwas. Und das, obwohl es so immens wichtig für das Verständnis von Geld ist!

Geld kann im herrschenden System nur durch Kreditvergabe entstehen. Kredite sind gleichbedeutend mit Schulden. Deshalb wird das Geldsystem in der Fachsprache auch als Schuldgeldsystem bezeichnet. Wenn nun Geld zunächst als Kredit bzw. einer Schuldenaufnahme entsteht, wo kommt dann das Guthaben her? Das Guthaben entsteht

17

gleichzeitig auf der Bilanz Gegenseite. Guthaben und Schulden bedingen sich gegenseitig. Das eine gibt es nicht ohne das andere.

Mache Dir bewusst, dass allem Geld der Welt, dieselbe Menge an Schulden gegenübersteht! Umgekehrt heißt das, dass allen Schulden dieselbe Menge an Guthaben gegenüberstehen!

Wenn also in Deutschland 5 Billionen Euro Geldvermögen existieren, bestehen auf der Gegenseite 5 Billionen Euro Schulden.

Und wenn Deutschland eine Staatsverschuldung von 2,1 Billionen Euro aufweist heißt das, dass auf der anderen Seite 2,1 Billionen Euro Guthaben existieren. An dieser Stelle fragst Du Dich jetzt zurecht, wer das ganze Geld eigentlich besitzt..

#3 Geld ist Tauschmittel und muss fließen

Damit unser System überhaupt funktioniert, muss Geld zirkulieren. Nicht umsonst heißt es: „Taler, Taler du musst wandern." Wenn niemand Geld weitergeben würde, würde die Wirtschaft sofort zusammenbrechen. In einem Wirtschaftskreislauf müssen Güter und Dienstleistungen gemeinsam mit Geld zirkulieren. Tun sie das nicht, kommt es zum Kollaps.

Diese Grundregel gilt auch auf individueller Ebene. Wenn Du Dein Hamster-Dasein aufgeben möchtest, brauchst Du dafür die richtige Einstellung. Ich bezeichne das gerne als Geldbewusstsein. Für die Praxis heißt das: Gewöhne Dich daran, Geld großzügig auszugeben. Man sagt sogar, dass Du umso großzügiger sein sollst (natürlich nicht fahrlässig!), je mickriger Dein Kontostand ist.

Damit zerstörst Du ein uns allen innewohnendes Mangelgefühl und trainierst zugleich Dein Wohlstandsbewusstsein. Ohne Wohlstandsbewusstsein – der Geisteshaltung zu wissen und zu spüren, dass Du wohlhabend bist – ist es unmöglich, finanzielle Freiheit zu erreichen!

4 Geld und Zinsen

Auch der Zusammenhang zwischen Geld und Zinsen ist den meisten Menschen – sogar jenen die damit handeln – völlig unbekannt. Viele wissen nicht einmal, weshalb es Zinsen gibt!

Grundsätzlich muss Geld nicht ausgegeben werden. Es besteht kein gesetzlicher Zwang dazu. Das heißt auch, dass Du es jetzt aufbewahren kannst, um es später für einen besseren Zweck auszugeben. Damit würdest Du Geld vom Tauschmittel zum Spekulationsmedium machen und dem Geld- bzw. Wirtschaftskreislauf entziehen. Das führt allerdings zu Blockaden und dazu, dass die Wirtschaft langsam erlahmen würde. Um dies zu vermeiden, hat man den Zins entwickelt!

Der Zins sorgt dafür, dass wir unser Geld, wenn wir es nicht benötigen, zurück in den Kreislauf geben bzw. anderen zukommen lassen. Das macht ihn zum abstrakten Rad, in dem alle Hamster laufen. Wer es zu nutzen weiß, wird damit finanziell frei. Wer Zins- und Zinseszins-Mechanismus nicht versteht, wird zunehmend schneller laufen müssen und trotzdem irgendwann unter das Getriebe kommen. Wenn Du finanzielle Freiheit anstrebst, gilt es, den negativen Zins durch Kredit- bzw. Schuldenaufnahme zu vermeiden und den positiven Guthabenszins- und Zinseszins zu nutzen. Wie Dir das gelingt erkläre ich Dir später.

5 Geld ist allen Produkten und Dienstleistungen überlegen

Es ist kein Zufall, dass unsere Wirtschaftsordnung als Kapitalismus bezeichnet wird. Das Kapital, Geld, steht im Mittelpunkt. Ohne Kapital ist es heute nahezu unmöglich, Produkte und Dienstleistungen zu erwerben. Das bringt Geld gegenüber allen Gütern in eine überlegene Position. Schließlich ist es das Medium, das für den Tausch von Leistung, wie z. B. Arbeit, gegen Produkte und Dienstleistungen, genutzt wird.

Im Gegensatz zu Produkten oder Dienstleistungen kann Geld aber etwas, das seine himmelweite Überlegenheit erklärt. Geld kann, indem man es investiert, beispielsweise durch Dividenden (Aktien oder ETFs) oder Zinsen (Anleihen, P2P-Kredite, etc.), mehr Geld erzeugen. Dabei vergessen die Meisten, dass auch hierfür Menschen oder Maschinen arbeiten müssen. Geld versetzt Dich so gesehen in die Lage, Andere – indirekt – für Dich arbeiten zu lassen. Bitte denke daran, wenn Du Deine ersten Zahlungen erhältst (und gib' etwas zurück).

6 Geld als Motivator und bestimmt den Mindset

Wenn Du finanziell frei werden möchtest, musst Du Geld als Motivator nutzen. Du musst es in all seinen psychologischen Aspekten verstehen. Gerade die psychologische Komponente wird nämlich von den meisten Hamstern völlig unterschätzt!

Beginne damit, Dich mit Geld wohlzufühlen.

Hänge Geldscheine in Deiner Wohnung auf. Spreche darüber. Trage von nun an immer eine große Summe Geld mit Dir herum. Diese kleinen Kniffe sorgen dafür, dass Du Dich an das Gefühl wohlhabend zu sein und Geld in großen Summen zu besitzen gewöhnst. Sobald dieses Gefühl zu Deiner (unterbewussten) Grundeinstellung wird, wirst Du bemerken, wie Dein Weg plötzlich richtig Fahrt aufnimmt.

Der Soziologe Georg Simmels hat bereits im 19. Jahrhundert auf dieses Paradoxon hingewiesen. Schon damals stellte er fest, dass Geld jenen Wert in einer Gesellschaft besitzt, den sie ihm gibt. Je wichtiger Geld für sie ist, umso wertvoller wird es und umgekehrt. Wir leben heute in einem System, das fast ausschließlich auf die Wirtschaft, und damit indirekt das Geld, ausgerichtet ist. Damit hat das Geld, vor allem in westlichen Gesellschaften, einen enorm hohen Wert (man vergleiche dies nur mit Naturvölkern, die gar kein Geld besitzen und auch gar nicht benötigen). Darüber hinaus besitzt das Geld mehrere „(Charakter)Eigenschaften", die es gegenüber allen anderen Waren und Dienstleistungen überlegen werden lässt. Diese Erkenntnis haben wir dem Finanztheoretiker und Sozialreformer Silvio Gesell (ebenfalls 19. Jahrhundert) zu verdanken. Einige davon beinhalten private, andere öffentliche Aspekte. Im Laufe der Jahre habe ich für das Geld sieben Eigenschaften festgestellt.

Geld kann aus meiner Sicht..

...als Tauschmittel im Wirtschaftskreislauf fließen (öffentlicher Aspekt).
...als Wertaufbewahrungsmittel dienen und damit zum Spekulationsmedium werden (privater Aspekt).
...als (vertrauenswürdiges) Messmittel dienen (öffentlicher Aspekt).
...gegen Zins verliehen werden (privater Aspekt).
...nur von der Zentralbank geschaffen werden (vermeintlich öffentlicher Aspekt).
...Verteilungsinstrument (sozialer Gerechtigkeit) sein (öffentlicher Aspekt).
...finanzielle Freiheit ermöglichen und Motivator sein (privater Aspekt).

Ohne nun zu sehr in die Geldtheorie einzutauchen wird Dir anhand dieser Aufzählung hoffentlich klar, dass eine Definition von Geld gar nicht so einfach ist und Geld deshalb, ganz egal in welcher Form, allen anderen Waren und Dienstleistungen grundsätzlich immer überlegen ist. Das wiederum beweist, weshalb (finanzielle) Freiheit ohne Geld kaum möglich ist und Du Dich mit dem Thema Geld unbedingt eingehender beschäftigen solltest. Und ich weiß, das ist nicht wahnsinnig spannend oder aufregend, aber unbedingt notwendig, wenn Du finanziell frei sein und ein Vermögen aufbauen willst.

Inflation

*„Wenn der Staat Pleite macht, geht natürlich nicht der
Staat Pleite, sondern seine Bürger."
~ Carl Fürstenberg*

Hören wir Inflation, denken wir automatisch – und fälschlicherweise –
an Preissteigerung. Kaum jemand weiß, dass Preisanstiege erst die
indirekte Auswirkung von Inflation sind. Inflation leitet sich aus dem
Lateinischen („inflare") ab und heißt übersetzt Aufblähen.

Was wird aufgebläht?

In der Volkswirtschaft meint man eine Ausweitung der Geldmenge
durch die jeweilige Zentralbank. Mehr Geldangebot bedeutet mehr
Nachfrage und damit eine Erhöhung der Preise. Die Konsequenz aus
einer sich stetig vergrößernden Geldmenge ist eine konstante Preissteigerung und damit ein Kaufkraftverlust für die Bevölkerung.

Was bedeutet das für Dich?

Solange Du Dein Geld zinslos liegen lässt, verlierst Du Kaufkraft und
wirst ärmer! Bei einer Inflation von 3 Prozent pro Jahr bleiben so nach
20 Jahren von ursprünglich 10.000 Euro noch 6.454 Euro übrig. Deshalb wird Inflation auch als schleichende Enteignung bezeichnet. Wie
schnell Dein Geld an Wert verliert hängt von zwei Faktoren ab:

* Prozentsatz (der Inflationsrate) und
* Jahre

Als Selbstdenker hast Du Dich jetzt bestimmt schon gefragt, weshalb
Inflation überhaupt existiert. Eine Frage, die mir während des volks-
wirtschaftlichen Studiums einige schlaflose Nächte bereitet hat.

Schließlich wurde damals die Frage nach dem "Warum" nicht mit einem Wort erwähnt, sondern Inflation ganz einfach als gegebener Faktor in Modellberechnungen verwendet.

Meine eigenen Recherchen haben mich darauf gebracht, dass wir im herrschenden Geld- und Finanzsystem gar nicht an der Inflation herumkommen. In einem verzinsten Schuldgeldsystem kann Geld nur durch eine mit Zinsen versehene Kreditvergabe von Zentral- und Privatbanken entstehen. Das führt zu einer sich global ungebremst ausweitenden Schuldenspirale, die sich auf der Gegenseite durch Guthaben in derselben Höhe ausgleicht. Die größten globalen Schuldner sind Staaten (genau genommen seine Einwohner). Da kein Staat der Welt seine Staatsschulden zurückzahlen kann (und auch gar kein Interesse daran hat), können Staatspleiten nur vermieden werden, indem ständig neue Kredite aufgenommen werden. Die Kreditaufnahme erfolgt über die Ausgabe von Staatsanleihen. Infolgedessen haben Zentralbanken und Staaten gleich aus mehreren Gründen ein Interesse an einer konstanten Inflation.

- Durch Inflation sinkt die relative Staatsverschuldung.
- Die durch Inflation ausgelöste Preissteigerung führt dazu, dass Menschen eher heute als morgen konsumieren (sollen).
- Mehr Konsum heizt das Wirtschaftswachstum an und schafft somit Arbeitsplätze. Das begünstigt wiederum die Wiederwahl der aktuell regierenden Partei.

Das zeigt, dass die Folgen von Inflation, gerade für Konsumenten deren Konsumanteil gegenüber den Einnahmen relativ hoch ist, besonders dramatisch sind. Auf der anderen Seite profitieren Investoren von der Ausweitung der Geldmenge.

Das weiß leider kaum jemand – doch dazu später mehr..

Geld sparen

„Sparsamkeit ist die Fähigkeit, Geld so auszugeben, daß es einem keine Freude bereitet."
~ Arthur Brauner

Wenn Du finanziell frei und erfolgreich werden willst, musst Du zuerst kleine Brötchen backen. Den größten und unmittelbarsten Effekt hat es, wenn Du Geld erst gar nicht ausgibst. Geld einzusparen ist immer der erste Schritt zur finanziellen Unabhängigkeit. Nur wenn Du Geld einsparst, kannst Du es auch ansparen. Zwei Begrifflichkeiten, die gerne durcheinandergeworfen werden (wenn Du ein Angebot erwirbst, hast Du höchstens Geld eingespart, aber nicht angespart!).

Geld ein- und anzusparen ist extrem wichtig, weil Geld die Grundlage für passives Einkommen bildet. Geld ist das Mittel, mit dem Du am einfachsten passives Einkommen erzeugen kannst. Doch dafür musst Du Sparer werden. Sparer können die Metamorphose zum Verleiher, Investor, Produzenten und Unternehmer später besonders einfach vollziehen. Eine Verwandlung, die Dein finanzielles Leben auf ein ganz neues Niveau heben wird.

Wenn Du Geld sparst, kannst Du später dafür Geld bekommen, dass Andere Dein Geld nutzen. Wer das Geld besitzt, hat die Macht. Nutze diesen Zusammenhang und gehe den ersten Schritt, es gar nicht erst auszugeben!

Tipps und Tricks, wie Dir dies gelingt, erfährst Du in diesem Kapitel.

Ausgaben planen und klare Ziele haben

„Geld ohne Hirn ist immer gefährlich."
~ Napoleon Hill

Bevor ich Dir mitteile, wo Du Einsparungen machen kannst, muss eine Strategie bereitstehen, damit Du die Spartipps auch tatsächlich in Deinen Alltag implementierst. Genau deshalb gilt es, im folgenden Schritt, eine Strategieplanung anzufertigen - und zwar anhand des Haushaltsbuchs, das Du am Anfang des Buches herunterladen kannst.

Identifiziere also zuerst auf eigene Faust Einsparpotentiale und Haushaltslöcher anhand Deines Haushaltsbuches. Lasse Dich erst anschließend von den weiteren Empfehlungen und Tipps in diesem Buch inspirieren. Doch das ist erst die halbe Miete. Sobald Du bei einer Ausgabe bzw. Verbindlichkeit Einsparpotential entdeckst, gilt es hierfür eine Strategie zu entwickeln. Was wirst Du also konkret tun, um diese Ausgabe / Verbindlichkeit zu minimieren? Ich finde gerade an dieser Stelle konkrete Zielsetzung extrem hilfreich. Einige der SMART-Faktoren (spezifisch, messbar, akzeptiert, realistisch, terminiert) eignen sich dafür hervorragend. Daraus habe ich ein eigenes, sehr wirkungsvolles 5-Schritte-System entwickelt:

- Schritt # 1: Um welche Ausgabe / Verbindlichkeit handelt es sich?
- Schritt # 2: Wie viel möchte ich einsparen?
- Schritt # 3: Bis wann möchte ich (den Betrag aus #2) einsparen?
- Schritt # 4: Wie möchte ich diese Ausgabe / Verbindlichkeit verringern (realistische Strategie)?
- Schritt # 5: Wer / was kann mir dabei helfen?

Aus meiner Sicht ist insbesondere die zeitliche Terminierung eines konkreten, messbaren finanziellen Ziels der Hintergrund, weshalb diese Strategie so effektiv ist. Dieses Prinzip beruht auf dem

Parkinson'schen Gesetz, das besagt, dass sich eine Aufgabe immer auf seinen dafür vorgesehenen Zeitraum ausdehnt. Deshalb solltest Du Deine Ziele zwar realistisch, aber hoch setzen.

Du solltest in einem möglichst kurzen Zeitraum möglichst viel einsparen und Deinen Erfolg unbedingt messen.

Gehe die 5-Schritte-Anleitung für Deine Ausgaben (vor allem für Deine Verbindlichkeiten) durch und halte die Antworten handschriftlich fest. Sie kannst Du anschließend an für Dich gut sichtbare Stellen kleben und morgens und abends durchlesen. Vor allem das Aufschreiben gleicht einem inneren Vertrag mit Dir selbst. Außerdem gewinnst Du durch diese konkrete Strategie Motivation und Zuversicht, dass Du es, solange Du Dich an den Plan hältst, auch schaffen wirst. Beispiel:

- Schritt # 1: Um welche Ausgabe / Verbindlichkeit handelt es sich?
Ich will meine laufende Verbindlichkeit mit dem Payper-View Kanal beenden, damit ich mehr Geld zur Verfügung habe und mir am Jahresende dafür eine kleine Reise leisten kann.

- Schritt # 2: Wie viel möchte ich einsparen?
Ich möchte damit, monatlich, €20 einsparen. Das sind immerhin €240 im Jahr.

- Schritt # 3: Bis wann möchte ich (den Betrag aus #3) einsparen?
Mein Ziel ist es, den Vertrag zum Ende des kommenden Monats, bzw. schnellstmöglich, zu beenden.

- Schritt # 4: Wie möchte ich diese Ausgabe / Verbindlichkeit verringern (realistische Strategie)?
Ich krame den Vertrag hervor und schreibe noch heute eine Kündigung und bringe diese per Einschreiben zur Post.

- Schritt # 5: Wer / was kann mir dabei helfen?
Ich nutze die App „Aboalarm" oder suche im Internet ein vorgefertigtes Kündigungsformular des Anbieters und schicke es vorab per Email.

Auf diese Weise erstellst Du Dir einen realistischen Aktionsplan. Zugleich reduzierst Du die Möglichkeiten, Ausreden vor Dir selbst zu finden. Darüber hinaus kannst Du nun Deine Fortschritte sowohl quantitativ (Geldbetrag) als auch qualitativ (Zeitkomponente) verfolgen. Damit hältst Du Dich in der Verantwortung. Gerade der letzte Schritt, einen konkreten Aktionsplan zu erstellen, wird beim Thema „Geld sparen" immer vergessen.

Die Konsequenz ist uns aus ambitionierten Neujahrsvorsätzen nur zu gut bekannt. Sie mögen toll und motivierend sein, doch wenn man sich keine konkreten, realistischen und terminierten Ziele in Kombination mit einem Aktionsplan setzt, ist deren Erreichung fast unmöglich. Warum? Weil wir in alte Gewohnheiten zurückfallen. Das hast Du alles schon einmal gehört oder? Also, halte Dich an diese Strategie, sie funktioniert!

Wie Du Budgetfallen mit diesen 8 außergewöhnlichen Spartipps vermeidest

„Man muss dreimal Bankrott gehen, um zu lernen,
sein Leben zu bestreiten."
~ Charles Dillon „Casey" Stengel

Dieses Buch ist als ultimative Geld-Schnellstartanleitung gedacht. Deshalb stelle ich Dir nun die praktikabelsten Spartipps und Spartools vor. Mir ist es wichtig, dass Du zuerst selbst ein Gefühl dafür entwickelst, in welche schwarzen Löcher Dein Geld eingesogen wird.

Als Erstes möchte ich Dir jene Spartipps an die Hand geben, die aus meiner Sicht die größten Auswirkungen haben und entweder wenig bekannt sind oder viel zu selten genutzt werden. Außerdem sind sie besonders wirkungsvoll, weil viele davon nur wenig Deiner Zeit beanspruchen. In diesem Schritt geht es mir vor allem um einen langfristigen Effekt. Diesen konnte ich persönlich immer dann erzielen, wenn ich Prozesse automatisieren konnte. Deshalb werden einige der Tipps verrückt, extrem oder utopisch klingen. Doch am Ende des Tages haben sie die größten Auswirkungen auf Deine finanzielle Situation.

Bedenke, dass Dein Handeln den Weg vorgibt. Wenn Du bereit bist, Deinen Lebensstil anzupassen, kannst Du locker mehrere Hundert Euro monatlich einsparen. Einige Leser bestätigten mir sogar, dass sie weit über tausend Euro im Monat einsparen konnten.

Finanzieller Minimalismus: Es geht auch ohne Einschränkungen

Aus meiner Sicht muss man, wenn man Geld sparen möchte, bereit sein, seinen Lebensstandard anzupassen. Ich finde es nur ärgerlich, dass viele Menschen diesen Schritt mit Einschränkungen gleichsetzen. In meiner Erfahrung zeigt sich, dass weniger zu konsumieren oder weniger zu besitzen weder eine Einschränkung ist, noch am Lebensstandard kratzen muss. Nein, es führt in der Regel sogar zum Gegenteil - mehr Zufriedenheit! Ein Motto begleitet mich in diesem Prozess seit einigen Jahren:

„Wer wenig braucht, hat alles!"

Über die Jahre habe auch ich begonnen einen deutlich minimalistischeren Lebensstil zu pflegen. Das hat mit Sicherheit einen großen Anteil daran, dass ich heute, selbst wenn ich ein Nettoeinkommen von weit unter 1.000 Euro hätte, sehr gut davon leben könnte. Vor einigen Jahren habe ich begriffen, was der Schlüssel zu finanziellem Minimalismus ist. Es geht darum, immer unter den eigenen Möglichkeiten zu leben. Genau das würde ich auch Dir empfehlen. Es geht also darum, Deinen Lebensstandard so lange es geht, so „gering" wie möglich zu halten (im Vergleich zu anderen Ländern ist ein „niedriger" Lebensstandard hierzulande schließlich immer noch extrem hoch). Sei Dir immer bewusst, dass es extrem einfach ist, den eigenen Lebensstandard zu erhöhen. Ihn allerdings wieder zu reduzieren, fühlt sich an wie ein Verlust oder eine Einschränkung. Deshalb gehen auch nur Wenige diesen Schritt, wenn sich ihre Einkommenssituation verschlechtert und die Ausgaben und Verbindlichkeiten die Einnahmen zu übersteigen drohen. Überlege es Dir also gut, Deinen Lebensstandard zu erhöhen. Beantworte dir zuvor immer die Frage „Warum muss/will ich das tun und was habe ich davon?".

29

Zwei Minimalismus-Techniken für den Alltag

Methode # 1 heißt warten. Bevor Du eine größere Ausgabe tätigen willst, solltest Du am besten 30 Tage warten und evaluieren, ob Du sie wirklich tätigen musst. Je nachdem, zu welchem Schluss Du nach 30 Tagen kommst, tu es.

Dasselbe gilt für Shopping, ob im Supermarkt, dem Klamottenladen oder vor dem Imbiss. Hier habe ich begonnen die 10-Sekunden Warteregel zu praktizieren. Sobald Du etwas einkaufen willst, was möglicherweise nicht auf Deiner Liste steht, es eine günstigere Alternative gibt oder das Produkt / die Dienstleistung nicht zur Deckung Deiner Grundbedürfnisse beiträgt, warte 10 Sekunden, reflektiere und triff eine bewusste Entscheidung.

Beide Strategien führen dazu, dass Du emotionale Impulskäufe deutlich reduzierst. Das ist ein extrem wichtiges Training, da jeder Konsum zunächst immer emotional ist. Indem Du allerdings wartest, ziehst Du Deinen Logikapparat hinzu. Das verbessert Deine Entscheidungsqualität enorm und führt zu weniger dafür aber qualitativ hochwertigerem Konsum.

Der zweite Trick, finanziellen Minimalismus im Alltag zu leben? Beginne damit, einmal im Monat Dein Hab und Gut zu minimieren. Es gibt aus meiner Sicht kaum Spartipps, die sich ähnlich positiv auch auf andere Lebensbereiche auswirken. Einerseits bietet diese Gewohnheit die Möglichkeit, den eigenen Konsum zu hinterfragen und sich gleich-zeitig etwas dazuzuverdienen. Darüber hinaus ist es aber auch ein Weg, emotionalen oder materiellen Ballast abzuwerfen. Diese Methode ist denkbar einfach. Nimm' Dir wenigstens einmal im Monat ein bis zwei Stunden Zeit und frage Dich, was von Deinem Besitz Du verkaufen oder verschenken könntest.

Du fragst Dich jetzt bestimmt, nach welchem Kriterium ich dies ent-scheide.

Ich mag es einfach. Daher frage ich mich in der Regel nur, ob ich das betreffende Produkt oder die betreffende Dienstleistung in den vergangenen 3 Monaten in Anspruch genommen habe. Wenn nicht, wird sie verkauft oder verschenkt.

Hunderte Euro sparen, durch weniger Miete

Die Statistik in Kapitel 5 hat gezeigt, dass der deutsche Haushalt im Durchschnitt ein Drittel seines monatlichen Einkommens für den Bereich „Wohnen" ausgibt. Egal ob Du ein Darlehen für das Eigenheim oder Miete bezahlst. Es ist der größte Ausgabeposten und genau deshalb liegen hierin auch die größten Einsparmöglichkeiten. Doch was ist hier wirklich praktikabel?

Ein Umzug kann natürlich am meisten Geld einsparen (ich weiß eine drastische Maßnahme, aber Du willst ja etwas erreichen!). Ein Umzug mag zwar zunächst viel Anstrengung kosten, spart Dir anschließend jedoch langfristig hunderte Euro monatlich ein. Gerade Wohnungsbaugenossenschaften bieten gute Mietwohnungen zu günstigen Preisen an.

Es gibt aber auch noch einen Mittelweg. Die Vermietung überschüssiger Zimmer (vor allem in der Stadt). Solltest Du ein leer stehendes Zimmer zur Verfügung haben, kannst Du es auf verschiedenen Plattformen und zu verschiedenen Konditionen untervermieten (bitte mit Deinem Vermieter abklären). Ich lebe zum Beispiel nach wie vor in einer WG, obwohl ich mir locker eine eigene Wohnung leisten könnte. Als Hauptmieter vermiete ich zwei weitere Zimmer unter. Damit halte ich meine Mietkosten extrem gering (< 300 Euro / Monat). Eine Alternative zu längerfristigen Untervermietungen ist, überschüssige Zimmer auf der Plattform AirBnB zu vermieten. Dort kannst Du Zimmer zu eigenen Konditionen, und zwar auch nur Tagesweise, anbieten. Gerade in Messezeiten in Städten kann das ein sehr lohnendes Geschäft sein! Alles was Du tun musst, ist das Zimmer auf der Plattform ansprechend zu präsentieren und die freien Termine anzugeben. Mache Dich hierfür allerdings vorher mit den Gesetzen, vor allem in Sachen Mietverhältnis und Hotellerie, vertraut (ich bin keine Rechtsberatung). Ich persönlich spare auf diese Weise pro Monat mindestens 300 Euro gegenüber einer kleinen Einzelwohnung.

Netter Nebeneffekt? In meiner WG wird alles mit allen geteilt, das bringt enorme Ersparnisse bei Nebenkosten und Haushaltsausgaben - ganz abgesehen von sozialen Aspekten!

Profitiere von der Share Economy

Der Begriff der Share Economy ist relativ neu. Er bezeichnet einen Austauschprozess. Gebrauchsgegenstände, die nicht ständig benutzt werden, werden miteinander getauscht, bevor man sie sich selbst kauft, was nicht nur eine große Ausgabe zur Folge hat, sondern auch Lagerkosten (der Gegenstand muss irgendwo untergebracht werden).

Es gibt zahlreiche Möglichkeiten, diese Bewegung zu nutzen. Angefangen mit dem Rasenmäher, den Du mit Deinem Nachbarn teilst bis zur Waschmaschine im Keller einer Wohnung, die für alle zugänglich ist. Der Aspekt der Mobilität (Verkehr) ist jedoch einer der größten Ausgabeposten. Deshalb konzentriere ich mich darauf besonders. Was Du konkret tun kannst:

- Steige auf öffentliche Verkehrsmittel um
- Nutze den Zug oder Fernbusse
- Betreibe Carsharing und nutze Mitfahrgelegenheiten

Öffentliche Verkehrsmittel sind besonders kosteneffizient. Du sparst Dir damit sowohl die Autoversicherung, als auch Steuern, Kraftstoffkosten, Reparaturen, Reifenwechsel, etc. Gerade in einer Stadt braucht man wirklich kein Auto und sollte lieber von Zuschüssen (die man durch Steuern ja indirekt ohnehin selbst bezahlt) profitieren.

Dasselbe gilt für den Zug und Fernbusse. Sie sind auf längeren Strecken in der Regel deutlich günstiger als selbst mit dem Auto zu fahren. Darüber hinaus kannst Du während der Fahrt arbeiten - zum Beispiel an Deinem Zusatzeinkommen!

Benötigst Du doch ein Auto oder hast eines, von dem Du Dich nicht trennen kannst/willst, dann nutze doch eine der zahlreichen

Carsharing Plattformen bzw. Mitfahrgelegenheiten wie BlaBlaCar. Bei Mitfahrgelegenheiten fährst Du entweder bei jemandem mit, oder Du gabelst Leute auf Deinem Weg auf und teilst damit Spritkosten und indirekt natürlich auch Verschleiß, Versicherung, Steuer, etc. Darüber hinaus lernst Du in der Regel interessante Menschen kennen und knüpfst nicht selten wertvolle Kontakte für die Zukunft!

Etwas anders funktioniert Carsharing. Dort kannst Du entweder ein Auto einer Privatperson mieten, oder aber Dein eigenes zur Vermietung bereitstellen (solange Du es nicht 24/7 selbst benötigst). Damit kannst Du einen großen Teil der soeben genannten laufenden Kosten einsparen und auf mehrere Schultern verteilen. Das tolle daran: Dein Fahrzeug ist für den Zeitraum durch die Carsharing-Plattform versichert! Auch hier solltest Du Dich vorher allerdings mit den Grundvoraussetzungen der jeweiligen Plattform sowie Deiner Versicherung auseinandersetzen. Die aus meiner Sicht beste Carsharing-Webseite ist Tamyca. Tamyca bietet übrigens auch eine App an, die reibungslos funktioniert.

So reduzierst Du Deine Getränkekosten extrem

Täglich trinke ich mindestens 3 Liter Wasser. Das waren für mich Alltagskosten, die schon immer nicht unwesentlich zu Buche geschlagen haben. Ganz abgesehen vom nervigen Schleppen der Getränkekästen. Auf der Suche nach gesundheitlichen Verbesserungsmöglichkeiten bin ich auf die Möglichkeit gestoßen, einen Wasserfilter zu verwenden. In Deutschland besteht diesbezüglich ohnehin eine große Informationslücke. Das Wasser im Getränke- oder Supermarkt ist nämlich, was die erlaubten gesundheitsschädlichen Grenzwerte angeht, deutlich schlechter als Leitungswasser. Leitungswasser unterliegt in Deutschland deutlich schärferen Begrenzungen, als Tafel- oder Mineralwasser.

Da ich gerne gesund lebe, suchte ich daher nach einer Möglichkeit weder Getränkekästen schleppen zu müssen, noch evtl. belastetes Leitungswasser trinken zu müssen. Die Lösung war ein Übertisch-Aktivkohlefilter. Dieser hatte sich schon nach wenigen Monaten amortisiert. Es gibt viele qualitativ hochwertige Übertisch-Aktivkohlefilter. Der Carbonit SanUno Classic bietet aus meiner Sicht allerdings das beste Preis-Leistungsverhältnis!

Ein Aktivkohlefilter hält in etwa ein halbes Jahr. Der Wasserpreis für Leitungswasser liegt in Deutschland durchschnittlich bei etwa 2 Euro pro 1000 Liter (0,2 Cent / Liter). Dafür bekommt man im Supermarkt ca. zwei Flaschen gutes Wasser. Der Wasserfilter kostet in der Anschaffung ca. 125 Euro und hat sich somit bereits nach ca. 65 Litern getrunkenem Wasser amortisiert. Der Filter schlägt mit ca. 40 Euro pro Halbjahr zu Buche. Allein bei einem 1-Personen Haushalt mit 3 Litern täglich getrunkenem Wasser (1.000 Liter / Jahr mit Kosten zwischen 300 und 1.000 Euro) zahlt sich diese Investition hundertfach aus. Sobald sich mehrere Personen im Haushalt befinden multipliziert sich der finanzielle Vorteil! Netter Nebeneffekt? Stilles Wasser ist gegenüber Sprudel deutlich gesünder! Wer allerdings auf Sprudel nicht verzichten will, kann sich einfach zusätzlich einen Wassersprudler anschaffen. Du wirst mit diesen Investitionen kurzfristig trotzdem hunderte Euro und langfristig sogar tausende Euro einsparen.

Gebraucht: Sogar besser als neu?

Ich war noch nie ein Fan davon, mir ständig neue Dinge anzuschaffen. Schließlich werden täglich viel zu viel funktionierende Produkte weggeschmissen und damit kostbare Arbeitszeit, Lieferwege und Transportkosten, Energie und Ressourcen verschwendet. Warum kehren wir also nicht zurück zu einer Denkweise, die auch älteren bzw. gebrauchten Produkten noch einen Wert zuweist?

Ich kaufe zum Beispiel höchst selten etwas Neues, da es heute viele wunderbare Plattformen gibt, die gebrauchte Produkte zu einem Bruchteil ihres Neupreises anbieten. Bei vielen Produkten (z.B. Büchern) ist es zudem vollkommen egal, ob es sich um einen gebrauchten oder neuen Artikel handelt. Doch selbst sensible Elektronik kann heute von Herstellern, die das Gerät noch einmal generalüberholen, vertrauensvoll gebraucht gekauft werden. Auf diese Weise habe ich zum Beispiel vor über 2 Jahren ein gebrauchtes iPhone 4s für knapp über 100 Euro erworben. Es leistet noch immer hervorragende Dienste.

Doch wo ist gebraucht noch praktikabel und direkt umsetzbar?

Kleidung: Über Plattformen wie Kleiderkreisel oder Ubup kann man gepflegte und qualitativ hochwertige (Marken)Ware zu einem Bruchteil des Neupreises erwerben. Ich kaufe meine Klamotten fast nur noch so und habe immer gute Erfahrungen gemacht!
Möbel und Haushaltsgeräte: Auf Ebay-Kleinanzeigen lassen sich vor allem größere gebrauchte Haushaltsgegenstände und Möbel günstig und zum Teil sogar kostenlos erwerben. Einzige Voraussetzung ist meistens die Abholung vor Ort. Dadurch habe ich zum Beispiel eine relativ neue Waschmaschine für ca. 100 Euro erworben, statt 400 Euro aufwärts im Elektronikfachhandel zu bezahlen.

Auto: Wenn Du Dir doch ein Auto anschaffen willst, dann bitte kein neues. Ein Jahreswagen reicht völlig aus, zumal ein neues Auto, in dem Moment, da Du es vom Hof des Verkäufers fährst, ca. 25 Prozent seines Wertes einbüßt. Besser kann man Geld und Zeit kaum zum Fenster hinauswerfen. Auf Mobile finden sich hingegen Autos von gewerblichen und privaten Anbietern. Letztere sind in der Regel deutlich günstiger aber auch mit etwas Risiko behaftet. Nimm Dir also am besten einen Mechaniker zur Besichtigung und Kaufevaluation mit.

Bücher: Ich bin eine Leseratte und Bücher sind definitiv einer meiner größten Ausgabeposten. Deshalb konsumiere ich Bücher zum einen mit meinem Büchereiausweis der Stadtbibliothek (der kostenlos ist!), oder ich kaufe sie gebraucht über Amazon bzw. Medimops. Medimops ist bezüglich der Versandkosten übrigens deutlich günstiger!

Elektronik: Auch Elektronikartikel kann man gebraucht erwerben. Besonders gut gefällt mir hier die Plattform Rebuy, weil die Geräte dort noch einmal getestet werden. Vom Privatverkäufer bekommst Du Geräte mit etwas Geduld deutlich günstiger bei EBay.

Kluger Konsum mit dem Klopapier-Prinzip

Der Spruch „Arm sein ist teuer" spricht zwei Aspekte an. Zum einen führt eine mangelnde Geldbildung zwangsläufig in die Armut und zu schlechteren finanziellen Entscheidungen. Diese sind wiederum meist teuer. Auf der anderen Seite sorgt auch das System dafür, dass jene, die mehr Kapital besitzen, bessere Möglichkeiten haben, als jene, die weniger Kapitel besitzen. Diesen Klassenunterschied untersuchte der Professor Yesim Orhun, gemeinsam mit Mike Palazzolo über 7 Jahre hinweg. Untersuchungsziel waren 100.000 amerikanische Haushalte und deren Klopapier-Einkaufsgewohnheiten. Klingt etwas verrückt oder? Wie so oft liegt Genie und Wahnsinn ziemlich eng beieinander. Die Grundidee der beiden zeigt genau das. Toilettenpapier wird durch alle Bevölkerungsschichten hinweg, sehr konstant verbraucht, kann kaum ersetzt werden und man benötigt es selbst dann, wenn man nur wenig Geld zur Verfügung hat. Insofern ein perfektes Exempel, da man einfach nicht darauf verzichten kann. Zudem ist es gut messbar, weil man davon kaum mehr verbraucht, wenn man einen Vorrat zuhause hat, oder mehr verdient (im Gegensatz zu Genussmitteln). Die beiden Forscher kamen nach 7 langen Jahren zu einer beeindruckenden Erkenntnis. Jene Menschen, die weniger Geld zur Verfügung hatten, haben mehr für Toilettenpapier ausgeben als jene, die im Vergleich mehr verfügbares Einkommen hatten.

Aber warum? Wenn man den Klopapier-Preis auf eine einzelne Rolle herunterrechnet, ist die Vorratspackung (z.B. 24er-Pack) Klopapier deutlich günstiger als Packungen mit lediglich 12 Rollen. Trotzdem greifen gerade Menschen mit einem niedrigeren Einkommen im Supermarkt deutlich häufiger zu der nur gefühlt günstigeren 12er-Packung. Dasselbe lässt sich auch auf andere Produkte übertragen (Waschmittel, Shampoo, Müsli, Kaffee, etc.).

Die Lehre daraus? Man sollte Vorratspackungen immer mit den vermeintlich günstigeren Single-Packs vergleichen und die pro Einheit/ Gramm günstigere Packung kaufen. Das gilt natürlich nur für jene Produkte, die kein Verfallsdatum haben oder nicht eingefroren werden können. Auf diese Weise kaufst Du smarter, günstiger und sparst Dir sogar Zeit, weil Du nun seltener zum Supermarkt laufen musst.

Extrem günstig reisen und zugleich mehr erleben?

Ich kenne kaum jemand, der nicht gerne reist. Doch „kein Geld" ist häufig das Argument, den Urlaub auf Balkonien zu verbringen (was natürlich auch schön sein kann, keine Frage!). Dabei gibt es eine Reihe von Möglichkeiten, einen tollen Urlaub zu verbringen, ohne sich dafür in Unkosten stürzen zu müssen. Aus meiner Sicht muss man einfach nur wissen, wovon die Reisekosten hauptsächlich abhängen. Nur wenn man die Faktoren und Variablen kennt, kann man darauf reagieren und diese minimieren oder maximieren. Was sind also die wesentlichen Faktoren für die Gesamtreisekosten?

1 Zeitliche Flexibilität und Geduld
Reisekosten, egal ob Unterkunft oder Transport (Flug, Bahn, etc.), hängen zu einem großen Teil vom Reisezeitraum ab. Es ist kein Geheimnis, dass die Reisepreise in der Hochsaison und in Ferienzeiten deutlich höher sind, als in der Nebensaison. Zeitliche Flexibilität und Geduld sind meiner Erfahrung nach essentiell, um besondere Früh-bucher- oder Last-Minute Angebote nutzen zu können. Gerade die Flug-linie Condor hat einmal pro Monat tolle Flugangebote (Eintagsfliegen). Die Plattform Skyscanner bietet darüber hinaus die besten Suchergeb-nisse. Du kannst dort eine Matrix arbeiten und Deine Hin- und Rück-flüge den Preisen entsprechend anpassen. Um eine günstige Unterkunft kannst Du Dich ja dann selbst kümmern.

2 Örtliche Flexibilität
Dasselbe gilt für Flexibilität und Geduld hinsichtlich Deiner Urlaubs-destination. Wenn Du flexibel bist, kannst Du nämlich auf Angebote warten und reagieren. Hierfür gibt es einige tolle Plattformen, die Reisen an ausgefallene Orte zu hochattraktiven Preisen anbieten. Darunter sind insbesondere:

- Urlaubspiraten
- Urlaubsguru

- Reisetiger
- Travelox
- ltur

3 Flexibilität bei der Unterkunft

Es gibt eine Reihe von Plattformen, über die man enorm günstig Urlaub machen kann. Hierfür ist allerdings wiederum Flexibilität hinsichtlich der eigenen Ansprüche entscheidend. Wenn Du zum Beispiel Abenteuerlustig bist, kannst Du kostenlos couchsurfen. Kostenlose Schlafplätze gibt es auf der ganzen Welt! Die Plattform AirBnB ist die gehobenere und sicherere Variante bei einer Privatperson zu übernachten. Kostet dafür aber auch.

So reduzierst Du alle Deine laufenden Verbindlichkeiten

Kommen wir zu dem womöglich gewöhnlichsten Tipp in diesem Kapitel. Nichtsdestotrotz möchte ich ihn nicht in die folgende Kategorie verschieben, weil er extrem wichtig ist. Denn einmal umgestellt, sparst Du Dir hier langfristig Geld. Ja, ich rede von den Nebenkosten bei Miete oder Eigenheim. Dazu zählen insbesondere Energie (Strom), Heizen (Gas oder Öl), Kommunikation (Internet & Telefon), Sicherheit (Versicherungen) sowie Schulden (laufende Kredite). Allein diese 5 Faktoren zumindest einmal jährlich zu überprüfen und anzupassen, führt zu einer Verbesserung des Haushaltsbudgets um mehrere Hundert, oder gar tausende Euro jedes Jahr! Ein Vermögen, für das es sich durchaus lohnt, einige Zeit und Gedanken auf deren Optimierung zu verwenden.

Insbesondere die laufenden Verbindlichkeiten zu reduzieren ist aus meiner Sicht ein wesentlicher Schlüssel zum Erfolg. Und gerade Nebenkosten, Versicherungen und Abonnements können zu großen und unnötigen Kostenfallen werden. Sich ihrer zu entledigen oder sie zu verringern ist fundamental, um finanziell gesund und finanziell erfolgreich zu werden.

Auf meiner Homepage www.geldsystem-verstehen.de habe ich mehrere Vergleichsrechner installiert. Von dort habe ich Tipps und Tricks rund um Verträge, und worauf besonders zu achten ist, übernommen. Bitte verschiebe diesen Schritt nicht. Überprüfe die Höhe Deiner Verbindlichkeiten jetzt und leite, wenn sich Einsparmöglichkeiten ergeben, sofort Schritte ein.

#1: Stromkosten reduzieren → Link zum Preisvergleich: http://www.geldsystem-verstehen.de/stromvergleich/
#2: Heizkosten reduzieren → Link zum Preisvergleich: http://www.geldsystem-verstehen.de/gaspreisvergleich/
#3: Internet & Telefonkosten reduzieren → Link zum Preisvergleich: http://www.geldsystem-verstehen.de/dsl-vergleich/
#4: Kreditkosten reduzieren (umschulden) → Link zum Preisvergleich: http://www.geldsystem-verstehen.de/kredit-umschulden/

#5: Versicherungskosten reduzieren → Versicherungen, die Sinn machen (können):

- Gesetzliche Krankenversicherung, Pflicht
- Haftpflichtversicherung, Pflicht
- KFZ-Versicherung bei KFZ-Besitz, Pflicht
- Hausratversicherung, optional
- Berufsunfähigkeitsversicherung, optional
- Unfallversicherung, optional
- Rechtsschutzversicherung, optional
- Private Pflegeversicherung, optional

#6: Sonstige Verbindlichkeiten reduzieren

- Pay TV kündigen (Sky, Kabel Deutschland, Netflix, Maxdome, Amazon Video, etc.)
- Amazon prime kündigen
- Hochglanzmagazine kündigen (und lieber die alten lesen oder aus der Bibliothek ausleihen)
- Zeitungsabonnement kündigen
- Konten mit Kontoführungsgebühren kündigen
- Fitnessstudio kündigen (draußen Sport treiben ist gesünder und gratis!)

Damit möchte ich dieses Kapitel schließen. Allein diese 8 Punkte konsequent einzuhalten und den Überschuss auf ein Sparkonto einzuzahlen, würde ausreichen, ein finanziell freies Leben zu führen. Ich hoffe sehr, dass Du allein damit eine Menge hilfreicher Denkansätze gewinnst, wie Du alltägliche laufende Kosten tatsächlich minimieren kannst.

Sei dies durch Teilen mit anderen, den Konsum gebrauchter Artikel, einem veränderten Lebensstil, oder der Befreiung der erdrückenden Kosten laufender Verbindlichkeiten.

Das unbekannte finanzielle Grundgesetz

„Am meisten fühlt man sich von der Wahrheit getroffen, die
man sich selbst verheimlichen wollte."
~ Friedl Beutelrock

Diese Grundregel ist nicht einmal den meisten Wirtschaftsstudenten bewusst. Sie bezieht sich auf den Unterschied zwischen Vermögen und Verbindlichkeiten. Ihn zu kennen und sein Einkommen dementsprechend aufzuteilen bzw. zu investieren - und zwar konsequent, Monat für Monat - ist der elementare Unterschied zwischen Arm und Reich! Kurz und knapp gesagt kann man Verbindlichkeiten und Vermögen folgendermaßen unterscheiden:

Verbindlichkeiten kosten Geld. Vermögen bringen Geld ein.

Verbindlichkeiten sind (laufende) Kosten. Vermögen wiederum sind (laufende) Einnahmen aus Einkommensströmen, für die in der Regel keine zusätzliche Arbeit mehr verrichtet werden muss. Der wichtigste Ansatz, um Geld zu Sparen und reich zu werden, ist daher:

Minimiere Verbindlichkeiten und maximiere Vermögenswerte.

Auch das klingt trivial und trotzdem macht es kaum jemand. Und genau deshalb bezeichne ich es als Geldgesetz. Wer sich nämlich nicht an Recht und Gesetz hält, wird in der Regel bestraft. Diejenigen, die dieses Geldgesetz aber beherzigen, sind (oder werden) finanziell frei! Das klingt logisch. Dennoch herrscht beim qualitativen Inhalt der Begriffe häufig Verwirrung. Häufig ist der Wunsch Vater des Gedankens. Die Mehrheit der Menschen nimmt nämlich fälschlicherweise an, sie sei vermögend. Bei genauerer Betrachtung entpuppt sich das vermeintliche Vermögen jedoch als eine oder mehrere versteckte Verbindlichkeiten. Viele Menschen bezeichnen z.B. ein Auto als

Vermögen. In Wahrheit verstecken sich dahinter Verbindlichkeiten (Kosten) wie Steuern, Reparaturen, Versicherungen, Benzin etc. Typische Verbindlichkeiten sind:

- das Eigenheim (wenn nicht gerade in einer Gegend gebaut, wo die Immobilienpreise explodieren) sowie die monatlichen Nebenkosten.
- Miete
- Abonnements (Zeitungen, Magazine, Pay-per-View wie Sky oder Netflix, Handyverträge, Spotify, etc.)
- Kredite (vor allem Konsumkredite!)
- Monatliche Grundgebühren aller Art
- Girokonto mit Kontoführungsgebühren
- Steuern bzw. Steuernachzahlungen

Wahre Vermögensgegenstände hingegen bringen entweder laufend Geld ein oder halten ihren Wert, gemessen durch die Kaufkraft. Dazu zählen:

- Zinsen auf Sparguthaben, Tagesgeld, etc.
- Passive Einnahmen aus Lizenzen oder Tantiemen
- Einnahmen aus Aktiengewinnen oder Dividenden
- Passive Einnahmen aus Mieteinnahmen
- Passive Einnahmen im Internet (z.B. Affiliate Marketing)
- Einnahmen durch Immobilienverkäufe, etc.

Wer diese Unterscheidung nicht kennt, wird niemals finanzielle Freiheit erreichen können. Auch dieser Erkenntnisprozess kann durchaus schmerzhaft sein. Deshalb solltest Du Dir einer Aussage unbedingt bewusst sein. Sie wird Dich garantiert motivieren, Deine finanzielle Situation in die Hand zu nehmen und zu verbessern:

Das während der Woche - im Tausch für wertvolle Lebenszeit - hart erarbeitete Geld wieder auszugeben, ist die sichere Strategie für lebenslange „Knechtschaft".

Finanziell freie Menschen tun genau das Gegenteil. Sie investieren einen Teil (manchmal auch Großteil) des hart erarbeiteten Lohnes oder Einkommens schon am Monatsanfang in Vermögenswerte! Sie legen ihr Geld also in Dinge an, die im Laufe der Zeit, mehr oder weniger unabhängig vom eigenen Aufwand, mehr Geld generieren. Sie nutzen damit die Vorzüge des Systems. Deshalb gilt es, Dich, zumindest in diesem Punkt, an den Reichen und finanziell freien Menschen zu orientieren:

Stecke weniger Geld in Verbindlichkeiten - dazu zählen in der Regel Konsumgüter, die man nicht zum Überleben benötigt - und investiere mehr Geld in Vermögensgegenstände - also Dinge, die Dir regelmäßig zusätzliches Geld zahlen bzw. einbringen.

Diese Erkenntnis kann nicht hoch genug eingeordnet werden. Denn selbst ein Rezeptionist, der über ein geringes Einkommen verfügt, kann reicher werden als ein Investmentbanker, solange er diszipliniert nach diesen finanziellen Grundgesetzen lebt. Ersterer mag ein deutlich geringeres monatliches Einkommen haben, aber moderat leben und Geld sparen, während der Zweitere ein Vielfaches verdient, aber hohe (Konsum)Ausgaben verzeichnet und nichts zur Seite legt. Betrachtet man gerade die langfristige Wirkung des Zinseszinses, ist der Rezeptionist dem Banker schon in 10 Jahren uneinholbar davongezogen.

Geld verdienen

„Zuerst wähle eine klare, eine realisierbare Idee – ein Ziel.
Als Zweites versehe dich mit den Mitteln, die zur Erreichung
dieses Zieles notwendig sind: Wissen, Geld, Rohstoffe und
Methoden. Im dritten Schritt setze alle deine Mittel im Hin-
blick auf das zu erreichende Ziel ein."
~ Aristoteles

Du weißt nun, wie Du einfach und effektiv Geld sparst. Welche Grundstrategien gibt es, (zusätzliches) Einkommen zu generieren? Generell muss man zwischen einer Erhöhung der Qualität oder der Quantität der Arbeitsleistung unterscheiden.

Geld verdienen durch mehr Arbeitsqualität
Eine quantitative Erhöhung der Arbeitsleistung bedeutet, dass Du entweder einen zusätzlichen Job annimmst, oder im gegenwärtigen Job Überstunden anhäufst, die Du Dir auszahlen lässt. Eine qualitative Ausweitung der Arbeitsleistung meint hingegen die Steigerung eigener Kreativität oder Effizienz (Produktivität). Beide Herangehensweisen führen in der Regel zu einer Erhöhung des monatlichen Einkommens. Sie unterscheiden sich allerdings darin, wie schnell und in welchem Maße sie sich finanziell auswirken.

Geld verdienen durch mehr Arbeitsquantität
Der Weg der quantitativen Erhöhung der Arbeitsleistung bringt aus finanzieller Sicht meist die schnelleren Resultate. Ein zusätzlicher Job hat unter anderem den Vorteil, dass man sich in einem möglicherweise fremden Thema zusätzliche Expertise aneignet. Sie kann man dann später beim Aufbau einer Selbstständigkeit nutzen. Darüber hinaus ist ein Nebenjob auf 450€-Basis von der Lohnsteuer und der Sozialver-

sicherung befreit, da der Arbeitgeber hierfür eine Pauschalabgabe entrichtet. Was man auch nicht vergessen sollte: In jeder neuen Arbeitsstelle kann man neue Kontakte knüpfen. Ein breites soziales und berufliches Netz ist für den Weg in die finanzielle Unabhängigkeit von enorm großen Vorteil. Sicherlich ergeben sich dadurch neue Chancen und Möglichkeiten, die es dann aber auch zu ergreifen gilt!

Was jetzt? Quantität oder Qualität?

Der Weg der qualitativen Erhöhung der Arbeitsleistung ist hingegen mühsamer, verspricht aber auf lange Sicht größeres finanzielles Erfolgspotential. In einem Angestelltenverhältnis resultieren qualitative Verbesserungen nicht selten in Gehaltserhöhungen oder einer Beförderung. Dafür muss man jedoch kreativ werden und aufmerksam sein. Findest Du zum Beispiel Wege die Arbeitsprozesse effizienter und produktiver zu gestalten? Inwiefern bist Du für die Firma ein Vermögensgegenstand (Asset)? Schließlich hat jedes Unternehmen Zeit (und damit Geld) in jeden einzelnen Arbeitnehmer gesteckt. Dieser hat sich womöglich Fachwissen angeeignet, dass bei Verlust des Arbeitnehmers (zumindest teilweise) verloren ginge! Daher versuchen Unternehmen, schon allein aus Kostengründen, Arbeitnehmer möglichst lange an sich zu binden. Diesen Fakt sollte man in Gehaltsverhandlungen unbedingt für sich nutzen und mit fachlichen Argumenten zur Geltung bringen.

Geld verdienen als Selbstständiger

Der dritte Ansatz sich selbstständig zu machen, ist die Symbiose beider genannter Aspekte. Nicht umsonst setzt sich der Begriff aus den Worten "selbst" und "ständig" zusammen. Selbstständige profitieren von dem Luxus keinen Chef zu haben und die Arbeitszeiten selbst und frei wählen zu können. Auf der anderen Seite fluktuiert (schwankt) das monatliche Einkommen, das macht langfristige Planungen deutlich schwieriger. Ganz zu schweigen von geregelten Arbeitszeiten, die man als Selbstständiger vermissen wird!

Diesen Unsicherheiten ist man in einem Angestelltenverhältnis nicht ausgesetzt. Außerdem hat man sich als Selbstständiger auch um viele andere organisatorische Aspekte (z. B. die Kranken-, Pflege-, oder

Arbeitslosenversicherung) zu kümmern. Dinge, die sonst der Arbeitgeber übernimmt. Für jeden Typ Hamster sind also, je nach Charakter
und Vorlieben, eine andere Herangehensweise empfehlenswert.
Natürlich gibt es noch weitere Möglichkeiten Geld zu verdienen. Dazu
zählen Strategien des passiven Einkommens, Geld im Internet zu verdienen, eigene Fähigkeiten möglichst teuer zu verkaufen, Produkte und
Dienstleistungen zu erfinden und zu veräußern, etc. etc.!

Der schnellste Weg zum Reichtum?
Die meisten Menschen denken, sie hätten keine Chance ihr Einkommen
zu kontrollieren. Sie hoffen auf Gehaltssteigerungen oder betteln sogar
um diese. Was wäre, wenn ich Dir sagen würde, dass das nicht länger
sein muss..? Bob Burgh hat in seinem Buch „The Go-Giver" eine
unglaublich einfache und interessante Beziehung hergestellt.
Er sagt, dass unser Einkommen unmittelbar damit zusammenhängt,
wie viele Menschen wir erreichen und wie viel Mehrwert wir ihnen,
gemessen am Preis, liefern können. Je größer der Mehrwert, umso
größer der Wert unseres Produktes oder unserer Dienstleistung und
umso zufriedener die Kunden.

Der einzige Weg zu schnellem Reichtum

Beeinflusse Millionen und Du machst Millionen!
~ Anonym

Wenn Du schnell reich werden willst, musst Du verstehen, dass dies mit einer „normalen" Karriere in einem Unternehmen kaum möglich ist. Schließlich erfolgen Gehaltssteigerungen in der Regel langsam und linear. Wahrer Reichtum funktioniert aber exponentiell! Der einzige realistische und seriöse Weg, dies zu erreichen, verlangt von Dir eigene, automatisierbare und skalierbare Produkte oder Dienstleistungen. M.J. de Marco stellt in seinem Buch „The Millionaire Fastlane" eine einfache Rechnung vor, die zeigt, wie Du künftig Dein Einkommen kontrollieren und beliebig skalieren kannst.

Umsatz = Verkaufte Einheiten (Anzahl) x Gewinn / Einheit (Marge)

Im Zeitalter der Digitalisierung ist es einfacher als je zuvor, diese Rechnung in ein profitables (Internet-)Business zu transferieren. Was Du dafür benötigst?

- Einen Lead-Magneten (kostenloses Geschenk im Austausch gegen die Email-Adresse Deiner zukünftigen Kunden → Datenbankaufbau)
- Eine Email-Marketing Software als Dein persönlicher und extrem günstiger Vertriebsmitarbeiter (automatischer Versand von Emails – 24 Stunden am Tag, 7 Tage die Woche, 365 Tage im Jahr)
- Ein erstes, digitales und günstiges Produkt (zwischen 7€ und 19€). Das sorgt dafür, dass die Kaufhemmschwelle für Folgeprodukte herabgesetzt wird.
- Ein hochpreisiges Produkt zwischen 60€ und 600€ (Videokurse eignen sich hierfür besonders gut) mit Geld-zurück-Garantie und konkreten, zeitlich determinierten Erfolgsversprechungen.

Natürlich gilt diese Rechnung auch für jedes physische Unternehmen. Wichtig ist dabei nur, dass es die Charakteristika kostengünstig, skalierbar und automatisierbar besitzt.

Arbeite an Deinen Fähigkeiten

„Was in unserer Macht liegt zu tun,
liegt in unserer Macht nicht zu tun."
~ Aristoteles

Wenn Du die obige Strategie interessant findest, musst Du im ersten Schritt an Deinem Wert arbeiten. Was ist es, das Du besonders gut kannst, zu dem Dich die Leute fragen, oder worin Du besonders großes Interesse hast? Daran zu arbeiten heißt, den Wert Deines Humankapitals zu erhöhen – so doof sich das anhört! Denn jede Investition in Dich selbst zahlt immer die höchsten Renditen. Im nächsten Schritt geht es darum, Dir explizites und implizites Wissen zu diesen Themen anzueignen.

Explizites Wissen
Darunter versteht man Wissen, das Du von Dritten erhalten hast. Dazu zählen Bücher, YouTube-Tutorials, Fernsehsendungen, Interviews, etc. Explizites Wissen ist die Grundlage für das sehr viel wertvollere implizite Wissen. Explizites Wissen ist passiv und damit zunächst „wertlos".

Implizites Wissen
Mit diesem Begriff bezeichne ich wahres Wissen und meine damit, selbst gemachte Erfahrungen. Denn nur, was Du selbst erlebt und erfahren hast, kannst Du wirklich beurteilen und anderen Menschen weitergeben. Schließlich weißt Du dadurch, dass eine Methode, ein Ratschlag, oder eine Strategie wirklich funktioniert (oder nicht). Implizites Wissen eignest Du dir an, indem Du explizites Wissen in der Praxis anwendest. Das geht im Rahmen von praktischen Selbstversuchen, Seminaren, praktischen Kursen, etc. Implizites Wissen ist aktiv. Damit einher geht durch die praktische Anwendbarkeit ein je nach Spezifität (je spezifischer Dein Wissen, umso wertvoller, da umso seltener) zunehmend steigender Wert.

Je mehr implizites Wissen Du Dir in einem oder mehreren Bereichen aneignest, umso wertvoller machst Du Dich. Schließlich ist es Wissen, das nicht in Büchern oder Vorträgen gelehrt werden kann, sondern das Du selbst erfahren und gemeistert hast. Konzentriere Dich also auf eine kluge Kombination beider Wissensbereiche.

Zwei Beispiele für Dein erstes Internet-Business

Damit Du direkt loslegen kannst und erste Unternehmerluft schnupperst, habe ich für Dich zwei interessante, digitale, Geschäftsmodelle herausgesucht, die kaum Kosten verursachen und damit eine perfekte Start-Grundlage sein können.

#1 Dein Freelancing-Business

Als Freelancer arbeitest Du für Kunden an einem Teil ihres Projekts. Um einen Arbeitgeber zu finden, bedienst Du Dich verschiedener Plattformen, die sich darauf spezialisiert haben, Freelancer an Unternehmen für bestimmte Projekte zu vermitteln. Dabei kann jeder auch selbst zum Arbeitgeber avancieren und eigene Projekte in Auftrag geben.

Welche Fähigkeiten sind besonders gesucht?

Texter, Designer, Fotografen, Videomarketing, Musiker, Kundenbetreuer, Online-Marketing Experten, virtuelle Assistenten, Datenanalysten, Programmierer, Web-Developer, Übersetzer, etc. Der Fantasie sind fast keine Grenzen gesetzt. Alles was es an „Computer-Skills" gibt, wird auf diesen Plattformen auf der einen oder anderen Art nachgefragt. Bezahlt wird, nachdem Du das Projekt bzw. Meilensteine abgeschlossen hast.

Plattformen:
- upwork (EN) → Freelancing
- twago (DE)
- mylilttlejob (DE, IT, ES, EN)
- clickworker (DE, EN)
- 99designs (EN)
- textbroker (DE)

- Rent a coder (EN)
- Guru (EN)

#2 Dein skalierbares Internet-Business (3000€ monatlich – automatisiert)!

Die erste vorgestellte Strategie ist nur bedingt skalier- und automatisierbar. Schließlich musst Du selbst arbeiten und Dein Tag hat nur 24 Stunden. Dein Lohn ist damit nach oben hin begrenzt. Daher möchte ich Dir, besierend auf der oben erläuterten Basis, eine Schritt-für-Schritt Anleitung an die Hand geben, mit der Du Dir ein automatisiertes Einkommen aufbauen kannst. Sie legt den Fokus auf Automatisierbarkeit und Skalierbarkeit – die wesentlichen Determinanten passiven Einkommens.

- Erstelle einen kostenlosen Lead-Magnet (PDF als eBook oder gratis Report, Video oder Audiobuch) oder lasse ihn erstellen (upwork). Der Mehrwert muss aus dem Titel hervorgehen. Beispiel: „7 Gründe, warum Dein Hund (noch) nicht stubenrein ist."
- Erstelle ein hochwertig aussehendes 3D-Cover für Dein kostenloses Geschenk oder lasse es erstellen (upwork, fiverr, 99designs, etc.)
- Registriere Dich bei einem Email-Anbieter mit Autoresponder-Funktion (MailChimp, Aweber, Klicktipp, etc.)
- Erstelle eine sogenannte Squeeze-Page (leadpages.net, Optimize-press, UpViral.com, etc.). Dort kannst Du, in Kombination mit Deinem Email-Programm, Deinen Lead-Magneten im Tausch gegen die Email-Adresse anbieten.
- Bewerbe Deinen Lead-Magnet zum Beispiel bei Facebook (mind. 5€ am Tag) oder im Rahmen eines YouTube-Videos, eines Blogartikels, eines Gastartikels, etc. und erhalte erste Interessenten. Alternativ kannst Du Deine Webseite über GoogleSearch bewerben.
- Erstelle ein Tripwire-Produkt (PDF als eBook, Video oder Audio-buch), das auf dem Lead-Magneten aufbaut. Beispiel: „8 Strategien, wie Du Deinen Hund in 4 Wochen stubenrein bekommst."

- Leite Interessenten, die sich für Deinen Lead-Magneten eingetragen haben, bevor sie diesen erhalten, direkt auf die Verkaufsseite Deines Tripwire-Produktes weiter (digistore24, affili.net, etc.) und versuche Dein Produkt dort direkt zu verkaufen.
- Eine Email-Marketing Software arbeitet als Dein persönlicher und extrem günstiger Vertriebsmitarbeiter (automatischer Versand von Emails – 24 Stunden am Tag, 7 Tage die Woche, 365 Tage im Jahr).
- Verschicke automatisiert von Dir erstellte Emails an Deine Interessenten. Faustregel: 2 Emails mit konkretem Mehrwert (kein Verkauf) für jede Verkaufsmail.
- Erstelle einen hochpreisigen Videokurs mit noch mehr Mehrwert für Deine Interessenten und Tripwire-Kunden. Beispiel: „Wie Dein Hund in nur 6 Wochen ohne Leine läuft und auf Deine Befehle hört." Verkaufe dieses Produkt, sobald das Tripwire-Produkt gekauft wurde. Biete unbedingt eine Geld-zurück-Garantie an und zeige in der Beschreibung die konkreten, zeitlich determinierten Erfolge auf.
- Erstelle einen Profit-Maximierer. Ein Produkt oder eine Dienstleistung, die noch einmal mehr bietet, zum Beispiel ein 1o1-Coaching „Ich mache Deinen Hund in 6 Wochen fit für die Hundestaffel!"

Mit dieser einfachen Strategie kannst Du Dir in wenigen Schritten ein profitables performance Online-Business aufbauen. Das tolle daran ist, dass es kostengünstig (geringe Investitionen und geringe laufende Kosten), automatisierbar (automatischer Versand Deiner digitalen Produkte) und skalierbar ist (ob 1 oder 1.000 Verkäufe am Tag – für Dich bleibt der Aufwand gleich). Außerdem kannst Du Dir zu allen Punkten in unzähligen kostenlosen YouTube-Tutorials weiterführende Informationen holen oder ganze Arbeitsschritte an Freelancer auslagern.

Mit ein wenig Übung, Geduld und Geschick erzeugt dieses Online-Geschäftsmodell schon in wenigen Monaten erste größere Einnahmen. Darüber hinaus kannst Du es mithilfe bezahlter Werbung unendlich skalieren. Rechne hierfür den Wert pro Kunden aus (Customer Lifetime Value) und stelle ihn den Akquisitionskosten pro Kunde gegenüber. Solange diese Milchmädchenrechnung positiv ist, operierst Du lukrativ. Warte also nicht länger, sondern mache Dich daran dieses explizite Wissen in implizite Erfahrung zu verwandeln.

Geld vermehren? So geht's..

„Der sicherste Reichtum ist die Armut an Bedürfnissen."
~ Franz Werfel

Es ist immer wieder verwunderlich, wie wenig Menschen die Gesetzmäßigkeiten des Geldes kennen, und dass jene, die es verstehen und diese Erkenntnisse in die Praxis umsetzen, plötzlich finanzielle Quantensprünge machen. Gerade die Geisteshaltung, Zeit müsse gegen Geld getauscht werden, musst Du ablegen, wenn Du wirklich finanziell frei werden willst.

Um diesen geistigen Wandel soll es im ersten Teil des abschließenden Kapitels gehen. Anschließend gebe ich Dir einige konkrete Strategien an die Hand, wie Du schon morgen, mit einfachen und cleveren Anlagestrategien, Dein Geld für Dich arbeiten lassen kannst – und dies mit minimalem Aufwand und vollautomatisch! Damit Kapital für Dich arbeiten kann, musst Du den Gedanken loslassen, es kontrollieren zu wollen und jeden Cent selbst erarbeiten zu müssen. Geld will fließen. Damit es fließen kann, muss es in den Kreislauf zurückgelangen, sonst stockt es und blockiert die Gesamtzirkulation.

Nur wer gibt, kann bekommen und nehmen..!

Aktives vs. Passives Einkommen

„Die besten Dinge im Leben sind nicht die,
die man für Geld bekommt."
– Albert Einstein

Den Zusammenhang von Geld und Lebenszeit zu kennen ist fundamental. Bevor ich Dir praktische Möglichkeiten aufzeige, wie Du passives Einkommen aufbauen kannst, müssen wir es genau definieren und von aktivem Einkommen abgrenzen. Bitte überspringe diesen Teil nicht, sondern bleibe geduldig. Sobald Du die grundlegende Funktionsweise und die Vorteile passiven Einkommens einmal verstanden hast, wirst Du geistig einen finanziellen Quantensprung machen.

Ich möchte dieses Kapitel mit einer interessanten Gegenüberstellung starten. Es soll Dich für den weiteren Weg inspirieren und motivieren.

	Lebenszeit vermieten = 95 % der Bevölkerung	Lebenszeit besitzen = 5 % der Bevölkerung
Aktives Einkommen	Selbstständige & Angestellte	Unternehmer
Passives Einkommen	-----------------------	Unternehmer & Investoren

Passives Einkommen

„Kapitalbildung muss durch Eigeninteresse angetrieben werden.
Man kann Vermögen nicht mit Wohlwollen anlocken."
- Walter Bagehot

Passives Einkommen unterscheidet sich in diesen Aspekten fundamental von aktivem Einkommen. Die Limitierungen des aktiven Einkommens werden bei seinem passiven Gegenpart überwunden.

Passives Einkommen heißt einfach gesagt, dass Du Geld beziehungsweise Deine Ressourcen für Dich arbeiten lässt, statt mit Deinen Ressourcen für Andere zu arbeiten. Das hat zur Folge, dass Dir passives Einkommen erlaubt, Geld zu verdienen, ohne dafür arbeiten zu müssen. Gerade zu Beginn sind aber Zeit und Aufwand notwendig, passive Einkommensströme aufzubauen. Sobald sie ins Rollen kommen, wirst Du dafür zunehmend weniger arbeiten (müssen) und immer mehr verdienen. Auf mittlere und lange Sicht zahlt sich diese Investition immer aus.

Aber was macht passives Einkommen aus? Worin ist seine Überlegenheit begründet? Es sind vor allem die Eigenschaften Automatisierbarkeit und Skalierbarkeit, die für den entscheidenden Unterschied sorgen.

Automatisierbarkeit

Passives Einkommen ist Einkommen, das von Deiner eigentlichen Arbeitsleistung zeitlich entkoppelt ist. Das heißt, dass Du für Deine Arbeit – im Gegensatz zu aktivem Einkommen – nicht unmittelbar entlohnt wirst (und möglicherweise sogar nie!). Vielmehr schaffst Du mit Deiner zeitlichen Investition Werte, die von Anderen konsumiert bzw. in Anspruch genommen werden. Die Bezahlung durch passives Einkommen erfolgt somit verzögert. Dies solltest Du bei Deinem Vorhaben unbedingt beachten!

Dafür bietet die zeitliche oder finanzielle Investition in passives Einkommen die Chance, durch eine einmalige Arbeitsleistung, ein Leben lang (automatisiert) Geld zu verdienen.

Skalierbarkeit

Beim Aufbau eines passiven Einkommensstroms geht es nicht ausschließlich darum, Geld zu verdienen, während Du schläfst. Vielmehr ist Dein Ziel, sukzessive den Lohn pro Stunde zu erhöhen. Am Ende des Tages zählt im „Rennen zur finanziellen Freiheit" nämlich nicht einzig und allein, wie viel Du im Monat absolut verdienst. Es zählt sehr viel mehr, wie hoch Dein Lohn pro Arbeits- oder Lebensstunde ist und ob Du in der Lage bist, diesen (mit oder ohne zusätzliche Arbeit) beliebig weiter zu erhöhen!

Passives Einkommen lebt von der Skalierung der Arbeitsleistung. Mithilfe später vorgestellter Strategien, kannst Du einmalig investierte Arbeitszeit unendlich oft verkaufen, bzw. für einmalig investiertes Kapital unendlich lange Zahlungen erhalten. Je mehr Zeit und/oder Kapital Du in passives Einkommen investierst, umso größer wird auch der Skalierungsfaktor. Genau diese exponentiell verlaufende Funktion nutzen wir, wenn wir passives Einkommen beziehen.

Beispiel:
Man stelle sich nur eine Band vor, die vor 20 Jahren ein „one Hit Wonder" gelandet hat. Sie erhält dafür noch heute Tantiemen, und zwar jedes Mal, wenn ihr Song im Radio gespielt wird – lebenslang. Oder stelle Dir eine Oma vor, die vor 50 Jahren VW-Aktien erworben hat. Ihr Geld hätte sich heute, durch Dividenden und Kursgewinne, vervielfacht. Das Schöne am passiven Einkommen ist, dass es unendlich skaliert werden kann.

Worauf solltest Du ein besonderes Augenmerk legen?
Skalierung erfolgt durch Multiplikation beziehungsweise exponentielle Vergrößerung. Ich weiß, das klingt ziemlich abgehoben, ist aber gerade für Dein finanzielles und berufliches Leben ungemein wichtig. Ohne Skalierung funktioniert der Aufbau passiven Einkommens nur bedingt. Es geht darum, Deine einmalig investierte Zeit zu „speichern" oder zu „multiplizieren". Ist eine Tätigkeit abgeschlossen oder ein Projekt beendet, ist Deine Zeit darin verschluckt und Deine eingebrachte

Arbeitskraft nicht mehr länger ersichtlich. Hättest du diese investierte Zeit jedoch, z. B. in Form eines Videos, einer Audioaufnahme oder einer schriftlichen Zusammenfassung, konserviert, könntest Du diese Expertise nun (unendlich oft) weiterverkaufen. Dasselbe gilt für investiertes Kapital. Einmal investiert, kann es sich praktisch unendlich häufig vermehren.

Gerade die Konservierung geleisteter Arbeitszeit kommt aus meiner Sicht in einer digitalisierten Welt noch immer zu kurz. Wissen und Erfahrung gehen verloren, weil wir diesen Übergang, von analog zu digital, geistig noch nicht verarbeitet haben. Das wiederum sorgt für redundante Tätigkeiten, schlicht, weil eine (digitale) Dokumentation fehlt. Dabei könnten wir gerade in diesem Bereich, überall auf der Welt, enorm viel Zeit gewinnen und unnötige Arbeitsschritte reduzieren. Das würde die Produktivität erhöhen und zudem für ein gesünderes Wirtschaftswachstum sorgen.

Was passives Einkommen nicht ist

Werde jetzt aber nicht zu euphorisch! Denn eines der größten Missverständnisse in Bezug auf passives Einkommen ist, dass es Geld sei, für das man nicht (mehr) arbeiten muss. Vor allem zu Beginn wirst Du, je nachdem, für welche passive Einkommensart Du Dich entscheidest, mehr oder weniger viel und hart dafür arbeiten müssen. Denke stets daran, dass sich passives Einkommen vor allem durch Automatisierung und Skalierung auszeichnet.

Bei Kapitalinvestitionen nutzt Du die Wirkung von Skalierung am effizientesten. Dafür muss Dir allerdings auch freies Kapital zur Verfügung stehen. Bei passivem Einkommen durch aktive Arbeit hingegen, musst Du vor allem zu Beginn Zeit und Arbeit investieren. Die meisten passiven Einkommensquellen verlangen darüber hinaus eine regelmäßige Beobachtung und Überprüfung. Häufig trocknet der Fluss des passiven Einkommens nämlich aus, sobald Du nicht mehr weiter Energie, sprich Zeit und Arbeit, investierst.

Passive Einkommensquellen aufzubauen kann möglicherweise viel härter sein, als für aktives Einkommen zu arbeiten. Doch das sollte Dich unter keinen Umständen abschrecken.

Bei passivem Einkommen arbeitest Du bzw. Dein Geld ausschließlich für Dich. Deine Bemühungen fließen zu 100 Prozent in Deine Taschen und Du musst Deine Leistung nicht mit Anderen, zum Beispiel Aktionären, die einen Teil des Unternehmensgewinns abschöpfen, teilen. Beginne daher, Dich als Entrepreneur für passives Einkommen zu sehen. Du bist ein Unternehmer, der dabei ist, sich einen kleinen Geldbaum zu züchten. Wie jede Pflanze benötigt auch Dein Geldbaum gerade zu Beginn Deine volle Aufmerksamkeit, Zeit und Hingabe. Im Laufe der Zeit bildet er jedoch ein kräftiges Wurzelwerk aus und wächst zu einem stabilen Stamm mit vielen Ästen und unendlich vielen Blättern heran. Je länger Du Deinen Geldbaum pflegst, umso mehr Geldscheine wird er hervorbringen und umso stabiler wird er später sein. Dann kommt er vielleicht sogar ganz ohne Deine Hilfe aus.

Zum Verständnis habe ich eine Grafik angefertigt, die den Unterschied zwischen aktivem und passivem Einkommen veranschaulicht.

Auf der y-Achse (links) sind fiktive Zahlenwerte für Dein Einkommen (in Tausend Euro) angegeben. Auf der x-Achse findest Du den Zeitverlauf (in Jahren).

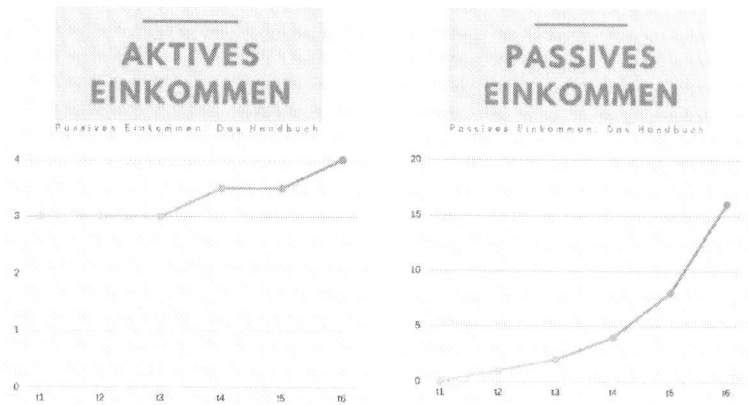

Auf den ersten Blick sollte ersichtlich sein, dass aktives Einkommen, als Angestellter bzw. Selbstständiger, von Dir zwar positiv beeinflusst werden kann, eine Steigerung jedoch langsam und schrittweise abläuft. Dafür steigst Du bereits auf einem gewissen Niveau ein. Die Grafik des passiven Einkommens zeigt, dass sich Deine monetären Belohnungen gerade während der Aufbauphase in Grenzen halten. Du beginnst bei null. Mit fortlaufender Zeitdauer nimmt die Kurve dann jedoch einen exponentiellen Verlauf an und Dein monatliches Einkommen strebt – abhängig von Deinen Zielen und Bemühungen – gegen unendlich.

Trick: In wenigen Jahren zum Millionär

„Geld ist geprägte Freiheit."
~ Fjodor Michailowitsch Dostojewski

Mit seinem Buch „The Millionaire Fastlane" hat MJ DeMarco vor einigen Jahren eine kleine Revolution ausgelöst. Er verrät darin die Formel, die Millionäre nutzten, um zu Reichtum und Wohlstand zu gelangen. Eine Formel, die auch ihn, innerhalb weniger Jahre, zum Millionär machte. Eine Formel, deren Mechanismus ich aus eigener Erfahrung bestätigen kann, die Allgemeingültigkeit besitzt und die ich als die persönliche „Gelddruckmaschine" bezeichne.
Was ist dieses große Geheimnis?

Der Trick besteht darin, zwei passive Einkommensquellen miteinander zu verbinden. Passives Einkommen aus einem eigenen (Online-)Unternehmen und passives Einkommen aus Investitionen (Geld arbeiten lassen). Während das passive Einkommen aus Geld (durch Investitionen) durch den Zinseszins-Effekt für Liquidität und Sicherheit sorgt, erzeugt ein eigenes (Online-)Unternehmen, den notwendigen Cashflow, um stetig wachsende Investitionen zu füttern.

Damit das gelingt, müssen wir als erstes den Zinseszins-Mechanismus und das doppelte Gesicht der Inflation verstehen, um die Verwandlung vom Schuldner zum Gläubiger vollziehen zu können. Anschließend müssen wir mit einem eigenen Unternehmen die Bedürfnisse eines bestimmten Marktes decken, um den Übergang vom Angestelltem zum Ansteller bzw. vom Konsument zum Produzent zu gewährleisten. Im dritten Schritt kombinieren wir dann beide Einkommensquellen und bauen uns eine unzerstörbare Geldmaschine, die uns ein konstant wachsendes Einkommen erzeugt – egal ob Sommer oder Winter, ob 12 Uhr mittags oder 2 Uhr nachts, ob wir am Strand in der Karibik liegen oder im Büro Zeitung lesen.

Zinseszins-Effekt

„Der Zinseszins-Effekt ist das achte Weltwunder.
Derjenige, der ihn versteht, verdient ihn,
wer ihn nicht versteht, bezahlt ihn."
- Albert Einstein

Schon als kleine Kinder wird uns beigebracht, dass das Börsenspiel mit großem Risiko behaftet und für uns „Ottonormalbürger" ohnehin keines sei, an dem wir uns beteiligen sollen. Viele Menschen glauben das. Sie glauben, dass es, um an der Börse erfolgreich zu sein, entweder einen Informations- respektive Wissensvorsprung braucht, oder wenigstens ein glückliches Händchen.

Während das bei aktiven Tradern zu einem gewissen Teil richtig sein mag, trifft es auf uns, den passiven Privatanleger, nicht zu.

Wir spielen eine andere Strategie am Finanzmarkt. Wir haben kein Interesse daran, als kleiner David gegen den mächtigen Goliath anzutreten. Dieses Spiel können wir nur verlieren. Wir haben schlicht nicht die Größe (Kapitalstärke) noch die Waffen (Technologie), um mitzuhalten. Als passive Privatanleger sollten wir nur eines von zwei Zielen verfolgen – oder sogar beide zugleich:

- Vermögensaufbau und Liquidität durch die Kraft des Zinseszinses.
- Aufbau eines wachsenden passiven Nebeneinkommens.

Die beste Strategie, sich langfristig und ohne große eigene Mühen, ein Vermögen aufzubauen, ist auf die Kraft des Zinseszinses durch die Wiederveranlagung von Zinsen zu setzen. Genau das erreichen wir beispielsweise durch langfristige Investitionen in thesaurierende ETFs, P2P-Kreditplattformen, Anleihen-Leitern (Bond-Ladders) oder Dividendenaktien. Wir reduzieren damit die Gefahr, Geld durch kurzfristige Schwankungen zu verlieren.

Der Zinseszins-Effekt wurde lange als unmoralisch angesehen. Einige römische Gesetze verurteilten ihn im 15. und 16. Jahrhundert sogar. In dem Buch, *„Tag auf Tag im Hamsterrad"* eruiere ich die oben geschilderte Sachlage, dass Zins- und Zinseszins den Ruf nach Wirtschaftswachstum erzwingen und Vermögen dramatisch umverteilen. Nichtsdestotrotz sind sie, im gegebenen System, die beste Möglichkeit, sich ohne große Mühen ein Vermögen aufzubauen. Um den exponentiellen Charakter des Zinseszins-Effektes zu veranschaulichen, greife ich daher auf zwei Beispiele aus meinem Buch zurück (S. 58f.).

„Der Ur-Ur-Ur-Ur-Ur-Großvater von Rainer Zufall – Rainer Pfiffig – hätte im Jahre Null für dessen Nachfahren einen einzigen Cent angelegt. Pfiffig war clever und verstand es, einigermaßen zu feilschen. Er konnte also bei der örtlichen Bauernbank einen Zinssatz von fünf Prozent aushandeln. Die Zugangsdaten zum Geheimsafe werden über Generationen von Papa Rainer zu Sohn Rainer weitergegeben. Heute, 2016, erinnert sich Rainer Zufall an das Konto und sucht aufgeregt das uralte Dokument. Auf dem Dachboden seines Kuhstalls wird er fündig. Sein Herz springt ihm fast aus der Hose, so aufgeregt ist er. Rainer sprintet zum Computer und fährt ihn hoch. Dann loggt er sich auf den Online-Account der Bauernbank ein. Die Zahl die er erblickt ist so groß, dass er einen Nervenzusammenbruch bekommt und der Computer explodiert. Wie viel Geld mag sich nur angesammelt haben?

52.194.762.406.749.596.188.226.011.368.141.170.409.472 EUR (= 52 Sechstilliarden EUR), eine 52 mit 39 Nullen! Anders ausgedrückt ca. 70 Milliarden Erdkugeln oder anders ausgedrückt ca. 53.000 Sonnen aus purem Gold!

Für alle die den Rechenweg vergessen haben oder ungläubig anzweifeln: Es handelt sich hierbei um eine Exponentialfunktion, deren Berechnung ziemlich simpel ist.

<u>Die allgemeine Formel zur Berechnung des Zinseszinses lautet:</u>

K (1+p/100) hoch x; mit: p = Zins; K = Ausgangskapital; x = Jahre
<u>Interpretiert:</u>

Ausgangskapital mal (Kontostand nach einem Jahr) hoch Jahre.

<u>Die Konsequenz?</u>
- Im Jahre 95 wäre ein Euro hinzugekommen, sprich das Startkapital hat sich nach 95 Jahren verhundertfacht.
- Im Jahre 142 wären es 10 EUR gewesen.
- Im Jahre 378 wären daraus bereits eine Million Euro geworden!
- Bereits um das Jahr 700 wäre alles Gold der Welt aufgebraucht! Etwa im Jahre 1500 ist das erste Erdgewicht in Gold entstanden.
- 1929 sind es dann eine Milliarde Erden aus purem Gold gewesen.
- 2016, sind aus einem einzigen Cent etwa 70 Milliarden Erdkugeln aus purem Gold geworden!"

Es ist unglaublich wichtig, diesen Mechanismus zu verstehen, wie ein zweites Beispiel zeigt:

„Rainer Zufall wird befördert. Er soll Oberkuhmelker in der Methan-Milch GmbH mit einem Einjahresvertrag werden. Sein künftiger Chef fragt ihn nach dessen Gehaltsvorstellung. Da Rainer das exponentielle Wachstum verstanden hat, schlägt er seinem Chef folgendes vor. »Ich möchte nicht viel. In der ersten Woche verlange ich nur einen Cent. Anschließend verdoppeln Sie mein Gehalt jede Woche. Also zwei Cent in der zweiten Woche und vier Cent in der dritten usw. Ein Jahr lang. Wenn Sie nicht einverstanden sind, verlange ich 1.000 EUR pro Woche!« Welches Gehaltsmodell wird der Chef der Methan-Milch GmbH Rainer zugestehen? Vermutlich Nummer eins. Rainer Zufall würde durch seine Cleverness zum reichsten Mann im Universum werden. In nur einem Jahr wäre er um stolze 22,5 Billionen Euro reicher!

Im Gegensatz dazu hätte Rainer bei 1.000 EUR pro Woche am Jahresende »lediglich« 52.000 EUR verdient. Bereits in der 23. Woche hätte

Rainer also mehr verdient als im anderen Gehaltsmodell nach einem ganzen Jahr!"

Beide Beispiele sind nicht nur extrem beeindruckend, sondern verdeutlichen auch, dass der Zinseszins-Mechanismus allein von zwei Faktoren abhängig ist. Diese gilt es von nun an zu optimieren. Selbst ausprobieren kannst Du dies anhand einer variablen Excel-Zinswerttabelle, die Du Dir kostenlos herunterladen kannst (Link: https://goo.gl/EJEDw8). Den Zusammenhang von Zeitdauer und Zinssatz im Hinblick auf das Wachstum von Vermögen zeigt folgende Grafik.

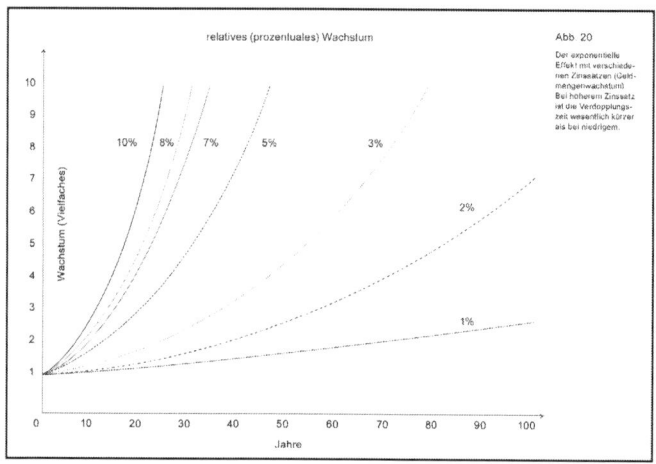

Faktor #1: Zeit (Dauer)

Je länger Du den Zinseszins-Mechanismus wirken lässt, umso größer wird der Effekt, den er entfaltet. Die x-Achse bildet 10-Jahres-Abstände ab. Du siehst, dass der Zinseszins seine ganze Kraft erst über eine gewisse zeitliche Dauer entfaltet.

Faktor #2: Zinssatz

Der zweite Faktor ist die Höhe des Zinssatzes. Je höher der Zinssatz, zu dem ein Betrag verzinst wird, umso schneller verdoppelt sich der Betrag. Je höher Dein Guthabens-Zinssatz, umso schneller kannst Du von der Verdopplung durch den exponentiellen Charakter des Zinses profitieren.

68

Insbesondere Faktor #1 zeigt auf, weshalb Du den Zinseszins-Mechanismus bereits so früh wie möglich für Dich nutzen solltest. Je früher Du damit anfängst „das Geld für Dich arbeiten zu lassen", umso stärker wird der Effekt. Anhand des Faktors #2 wird ersichtlich, dass Du einen Betrag umso schneller verdoppelst, umso höher der Zinssatz ist. Aber Achtung: Je höher der Zinssatz, umso höher auch das Risiko!

Exponentielles Wachstum, wie beim Zinseszins, erzeugt einen Effekt der Verdopplung. Je nach Kombination der Faktoren verdoppelt sich ein gewisser Betrag innerhalb einer gewissen Zeitspanne. Wie eine Lawine nimmt der Zinseszins immer mehr Geld in sich auf, das sich dann wiederum verzinsen und schließlich verdoppeln kann. Genau deshalb sollte es unser Ziel sein, beide Effekte gleichzeitig zu maximieren. Den Zeiteffekt maximierst Du, indem Du noch heute damit beginnst, den Zinseszins-Effekt zu nutzen. Den Zinseffekt maximierst Du, indem Du eine intelligente Streuung Deiner Investitionen tätigst und damit eine möglichst hohe Rendite (bei adäquatem Risiko) erzielst. Umgekehrt gilt natürlich, dass der negative Zinseszins unbedingt zu vermeiden ist. Vielleicht kennst du seine Kraft ja aus dem Dispo. Wenn Du immer nur einen Teil Deiner Disposchulden zurückzahlst, wird die Schuldenlast insgesamt trotzdem immer größer. In diesem Fall arbeitet der Zinseszins-Effekt gegen Dich!

Automatisch reich werden? Ist das realistisch?

Nehmen wir an, Du investierst heute 100 Euro zu 10 Prozent Zinsen. Dann hat sich dieser Betrag bereits in 7 Jahren verdoppelt. Während Du im ersten Jahr 10 Euro Zinsen erhältst, sind es im dritten Jahr bereits 12,10 Euro. Die Differenz von 2,10 Euro entsteht durch erneute Verzinsung Deiner bereits gutgeschriebenen Zinsen. Den genauen Verlauf Deines hypothetischen Vermögensaufbaus kannst Du folgender Tabelle entnehmen:

Jahr	Startbetrag	Jährliche Zinsen	Endbetrag
1	100	10	110
2	110	11	121
3	121	12.1	133.10
4	133.10	13.31	146.41
5	146.41	14.64	161.05
6	161.05	16.11	177.16
7	177.16	17.72	194.87
8	194.87	19.49	214.36
9	214.36	21.44	235.79
10	235.79	23.58	259.37
11	259.37	25.94	285.31
12	285.31	28.53	313.84
13	313.84	31.38	345.23
14	345.23	34.52	379.75
15	379.75	37.97	417.72
16	417.72	41.77	459.50
17	459.50	45.95	505.45
18	505.45	50.54	555.99
19	555.99	55.60	611.59
20	611.59	61.16	672.75

Ich hoffe, Du hast für den Zinseszins-Effekt ein Gefühl bekommen. Dieses Gefühl ist so wichtig, weil es kaum möglich ist, den lawinenartigen Charakter des Zinseszinses logisch zu verstehen. Dafür ist er einfach zu gigantisch – zumindest geht es mir so. Aber ich habe verstanden, dass es vor allem der Zinseszins-Effekt ist, der dafür sorgt, dass die Reichen immer reicher werden und die Armen entweder gleich arm bleiben oder sogar ärmer werden müssen (z. B. durch Inflation).

Millionäre haben nur wenige, dafür jedoch essentielle Dinge anders gemacht als der Rest. 516 Sparraten à 430,44€, bei 6 Prozent Zinsen, machen Dich in 43 Jahren zum Millionär. Das Spannende ist, dass sich dieser Betrag aus Zinsen bzw. Zinseszinsen und dem eigens eingezahlten Sparbetrag zusammensetzt. 222.107,04€ sind selbst eingezahlt, während 777.899,30€ aus Zins- und Zinseszins entstanden sind! Es kann also wirklich jeder Millionär werden, wenn er nur entsprechend spart und investiert!

<u>Damit wird das facettenreiche Ziel des Investierens klar</u>
- Als Erstes wollen wir unser hart erarbeitetes Geld vor dem durch Inflation ausgelösten Wertverlust schützen.
- Darüber hinaus wollen wir damit für die Zukunft bauen und ein Vermögen anhäufen.
- Last but not least wollen wir damit sukzessive immer größere passive Einkommensströme aufbauen, die schließlich groß genug sind, um nicht länger gezwungen zu sein, arbeiten gehen zu müssen.

<u>Was dafür wichtig ist?</u>
- Früh anfangen, um den Faktor Zeit maximal auszunutzen.
- Möglichst hohe Rendite bei angemessenem Risiko.
- Thesaurierende ETFs, P2P-Kreditvergabe, Aktiensparpläne zum Vermögensaufbau.
- Ausschüttende ETFs, Dividendenaktien, P2P-Kreditvergabe, Crowdinvesting, Immobilien für den Aufbau passiven Einkommens.

Wenn wir uns ein Vermögen aufbauen und es schützen wollen, müssen wir unter anderem auf den Zinseszins-Effekt setzen. Für uns spielt es eine untergeordnete Rolle, ob und um wie viel der Kurs in einem Jahr steigt. Solange er langfristig steigt und vor allem Dividende erzeugt, sorgt er im nächsten Jahr für einen überproportionalen Anstieg der Zinsen durch den Zinseszins-Effekt. Inwiefern wir damit vom Verlierer durch die Geldentwertung (Inflation), zum Gewinner werden, erkläre ich Dir im folgenden Kapitel.

So profitierst Du von der Inflation..

„Inflation ist, wenn die Brieftaschen immer voller und die
Einkaufstaschen immer leerer werden."
~ Robert Orben

Die Inflation ist, wie wir bereits festgestellt haben, ein Phänomen, das in der breiten Gesellschaft vollkommen missverstanden und fälschlicherweise negativ dargestellt wird. Die meisten Menschen machen es sich einfach, schreien laut auf und zeigen schimpfend mit dem Finger auf Vater Staat. Auch ich habe das lange getan. Schließlich sorgt er, bzw. zum Teil private Zentralbanken (das bekannteste Beispiel ist die Fed in den USA) dafür, dass das Geld mit jedem Tag an Wert verliert. Aber bringt uns das weiter? Nein. Wir können stattdessen aber auch unseren Hintern hochbinden und auf die Seite der Gewinner wechseln – und zwar einfacher als gedacht!

Eine Studie des deutschen Aktieninstituts hat ergeben, dass Personen, die seit 1950 Aktien des DAX gehalten haben, zu keinem Zeitpunkt, im Mittel über 13 Jahre, Verluste machen konnten. Der Aktienmarkt verzeichnet, über eine Zeitspanne von 20 Jahren, fast immer Gewinne – ganz egal wie dramatisch die Krisen sind. Dieses Phänomen kann nur mit „Inflation" (Geldmengenausweitung) der Notenbanken erklärt werden! Würde das Geld, das seit der sogenannten Euro-Schuldenkrise von der Europäischen Zentralbank (EZB) in die Märkte gepumpt wird, nämlich eins zu eins in der Realwirtschaft ankommen, hätten wir schon lange eine Hyperinflation wie 1929. Damals konnte Papiergeld nur noch zum Heizen verwendet und in Schubkarren gegen vermeintliche Billiggüter getauscht werden. Die Frage ist also: Wo landet die von den Zentralbanken ausgebrachte Geldmenge?

Der Großteil der von Notenbanken physisch erzeugten und durch die Kreditvergabe der Privatbanken digital gehebelten Geldmenge (phy-

sisch = Bargeld; digital gehebelt = Giralgeld) fließt in die Finanz-
märkte.

Die wahre Preissteigerung ist deshalb an den Finanzmärkten zu
beobachten. Im Fachjargon spricht man von „Asset Price Inflation". Von
einer Aufblähung der Preise von Vermögensgegenständen, sogenannten Assets. Dazu zählen Wertpapiere wie z. B. Aktien, Anleihen Indexfonds und ETFs aber auch Bitcoins. Mit einem kleinen Unterschied. Die
Preissteigerung von Wertpapieren ist für den Inhaber des jeweiligen
Papiers positiv. Sie bedeutet einen Anstieg des Kurswertes des Papieres
und damit einen potentiellen Gewinn beim Verkauf. Inflation (Geldmengenausweitung) treibt die Preise am Aktienmarkt. Genau davon
profitieren die Inhaber von Wertpapieren. Wer in den 80er Jahren in
DAX-Papiere investiert hat, freut sich heute über Kursanstiege von
mehreren Tausend Prozent. Dass sich dieser Trend, mit regelmäßigen
Rücksetzern, fortsetzt, ist mehr als wahrscheinlich. Nun ist die deutsche Volkswirtschaft seit den 80er Jahren ja aber nicht um mehrere
Tausend Prozent gewachsen. Der DAX spiegelt allerdings die Entwicklung der stärksten deutschen Unternehmen. Wie ist der Verlauf also zu
erklären? Genau hier kommt Inflation ins Spiel. Im Jahr 1971 löste der
US-amerikanische Präsident Richard Nixon die Bindung des US-Dollars
an das Gold auf. Seither nimmt die Geldmenge auf unserem Planeten in
exponentiellem Tempo zu, da kein physischer Gegenwert mehr existiert
und Papiergeld unbegrenzt gedruckt werden kann. Zum besseren Verständnis habe ich das exponentielle Wachstum der US-amerikanischen
Geldmenge in Mrd. US-Dollar (rot) dem DAX-Punktestand zum Jahresende (blau) grafisch gegenübergestellt. Das Ergebnis hat mich selbst
verblüfft..

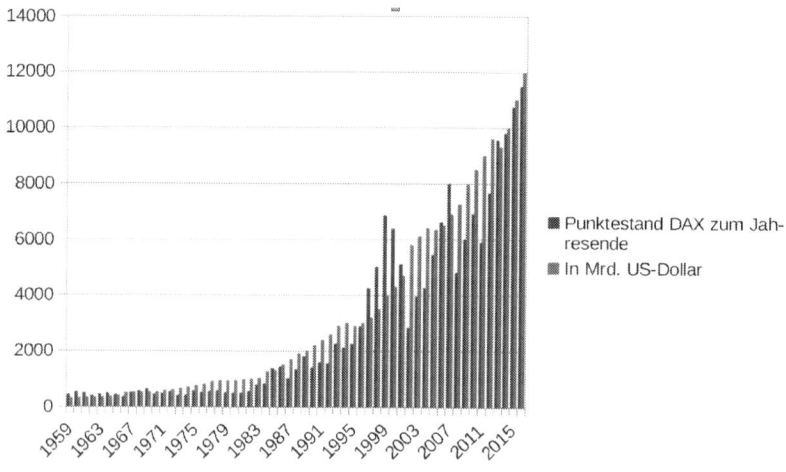

Die Grafik veranschaulicht, wie das moderne Geldsystem zu einer stetigen Ausweitung der Geldmenge führen muss und damit parallel die Aktienmärkte befeuert. Je mehr Geld auf der Welt gedruckt wird und in die Aktienmärkte fließt, umso größer wird die „Asset Price Inflation".

Während wir als Konsumenten und Geringzinssparer die großen Verlierer der Inflation sind, profitieren wir als Geldverleiher, Kapitalgeber und Investoren extrem von ihr. Darüber hinaus geben stetig steigende Wertpapierpreise dem Zinseszins-Effekt einen weiteren Schub. Auf diese Weise gewährleisten wir also nicht nur Sicherheit und Liquidität, sondern schaffen uns eine Maschine, die für uns den passiven Vermögensaufbau und den Aufbau eines monatlichen passiven (Neben-)Einkommens übernimmt.

Ich weiß, das klingt fast zu einfach und zu offensichtlich, um wahr zu sein. Ich glaube allerdings fest daran, dass es genau daran liegt, weshalb diese Informationen den meisten Menschen verborgen bleiben werden. Die Wenigsten wollen sie wahrhaben! Schließlich müssten sie dann statt mit dem Finger auf andere zu zeigen und zu schimpfen selbst anfangen zu handeln.

Verantwortung für die persönliche finanzielle Situation zu übernehmen ist ein wesentlicher Teilaspekt der finanziellen Freiheit. Vor allem dann, wenn man dies 35 Jahre vor allen anderen erreichen will!

Geld anlegen und investieren

*"Die beiden schwersten Sachen an der Börse sind,
einen Verlust hinzunehmen und einen kleinen Profit
nicht zu realisieren."*
~ André Kostolany

Dieses Buch ist eine Schnellstartanleitung, Deine eigene Gelddruckmaschine zu bauen. Nachdem Du den Zinseszins-Mechanismus sowie Asset Price Inflation verstanden hast, geht es jetzt daran, die Seiten zu wechseln. Wir wollen vom Konsumenten und Inflationsverlierer zum Investor und Inflationsgewinner werden. Nützlich werden Dir hierbei die ersten beiden gratis PDF-Reports am Anfang des Buches sein.

Beginne, noch heute, an Deiner vollautomatischen Geldmaschine zu arbeiten. Alles was Du hierfür tun musst, ist einen – am besten konstant wachsenden – Teil Deines monatlichen Einkommens zu investieren.

Als passive Investoren interessieren uns aber lediglich jene Anlageklassen, die nur wenig unserer freien Zeit in Anspruch nehmen. Sonst verwandeln wir es ja wieder in aktives Einkommen. Haben wir diesen Teil unserer Gelddruckmaschine eingerichtet, läuft er vollautomatisch, ganz von alleine vor sich her und schafft uns ein Vermögen und sorgt für unsere Liquidität und Sicherheit. Meine Gelddruckmaschine besteht zum Teil aus einer Mischung aus Investitionen in ETFs, P2P-Plattformen, Crowdinvesting-Plattformen und Kryptowährungen. Erstere beiden stelle ich Dir hier etwas näher vor. Mehr zu Crowdinvesting respektive Kryptowährungen erfährst Du in meinen anderen Büchern.

Anschließend können wir uns dem zweiten, deutlich zeitaufwändigeren, aber auch mehr Gewinn versprechendem Teil unserer Gelddruckmaschine widmen – unserem (Online-)Business.

Indexfonds, auch als ETFs bekannt, sind eine geniale Möglichkeit, als passiver Investor vom Finanzmarkt zu profitieren. Sie bieten hohe Transparenz, bei einem überschaubaren Risiko (durch breite Diversifikation) und hoher Passivierbarkeit. Damit eignen sie sich hervorragend für unsere Gelddruckmaschine. Als Beginner solltest Du Dir allerdings einige Fragen stellen, bevor Du erste ETF-Investitionen tätigst. Für den Schnellstart habe ich eine Checkliste erstellt, die Dir dabei helfen, die wichtigsten Punkte zu klären. Nähere Erläuterungen erhältst Du in meinem Buch „Die Faulbär-Strategie zur Million".

1. Welches Ziel verfolgst Du?
→ Passives (Neben-)Einkommen → ausschüttende ETFs
→ Mittel- bis langfristiger Vermögensaufbau → thesaurierende ETFs

2. Welchen Anlagezeitraum hast Du im Blick?
→ Um den Aufwand so gering wie möglich zu halten mind. 5 Jahre.

3. Möchtest Du monatlich oder einmalig investieren?
→ Dynamischer ETF-Sparplan oder (regelmäßige) Direktinvestition(en). Wähle den dafür optimalen (kostenlosen) Depot-Anbieter aus (Bonus-PDF). Als passiver Investor ist ein ETF-Sparplan ideal.

4. Wie viel kannst und willst Du in ETFs investieren?
→ Je mehr und je häufiger, umso besser. Bei vielen ETF-Sparplänen kannst Du übrigens eine Dynamisierung Deiner Sparrate einstellen.

5. Mit welchem ETF-Emittent möchtest Du arbeiten (ist er solvent und hat ein großes Angebot), sind die Ordergebühren kostenfrei und sind die angebotenen ETFs groß genug (Fondsvolumen > 100 Mio. Euro)? Wie hoch sind die laufenden Kosten der ETFs (TER)?

6. Wie willst Du Diversifikation bzw. Asset Allokation gewährleisten?
• Investiere in Länderindizes, um das Länderrisiko zu minimieren.
• Investiere in Branchenindizes, um weiter zu diversifizieren.

- Investiere in Geldmarkt- und Renten-ETFs, um die Inflation auszugleichen und das Gesamtrisiko zu senken (risikoarme ETF-Anteile).

7. Wie und wann möchtest Du Dein Portfolio neu gewichten?

→ Rebalancing für Faulbären einmal jährlich ausreichend.

8. Hast Du einen Freistellungsauftrag für Dein Depot eingerichtet?

→ Am besten unmittelbar nach Depoteröffnung unter Angabe Deiner Steueridentifikationsnummer. Gib' Deine Kapitalerträge in Deiner Steuererklärung an. Auf der Webseite Gevestor.de findest Du Steuertipps. Ziehe bei Unsicherheit einen Steuerberater hinzu.

9. Halte Deine Füße still und sei passiv!

→ Überprüfe Deinen Portfoliowert nicht ständig. Dich einmal monatliche daran zu erfreuen reicht völlig. Je häufiger Du auf Dein Depot blickst, umso mehr wird Dein passives Einkommen zu aktivem und umso stärker involvierst Du Dich emotional. Letzteres führt nicht selten zu überhasteten Verkäufen und ist der Hauptgrund, weshalb die meisten Privatanleger an der Börse scheitern.

Solange Du diese Schritt-für-Schritt Checkliste einhältst, bist Du auf einem soliden Weg, Faulbär-Millionär zu werden.

Mein Portfolio:

- Ich bin ein Faulbär und daher passiver ETF-Investor.
- Ich arbeite fast ausschließlich mit (gebührenfreien) ETF-Sparplänen und investiere mehrere Hundert Euro monatlich. Gehaltserhöhungen bzw. Bonus-Zahlungen nutze ich für zusätzliche (gebührenfreie) Direktinvestitionen.
- Ich nutze sowohl thesaurierende als auch ausschüttende ETFs - und zwar in einer 50:50 Aufteilung. Damit baue ich sowohl Vermögen als auch passives Nebeneinkommen auf.
- Die Ausschüttung erfolgt auf Referenzkonto, das ich nicht anfasse. Dadurch erzeuge ich Liquidität für Krisenzeiten und Startkapital für konkrete Projekte in der Zukunft.
- Ich erhöhe meine monatliche ETF-Investitionssumme jährlich um 10 Prozent.

- Ich investiere fast ausschließlich in ethisch-soziale bzw. ökologisch-nachhaltige ETFs, sowie in den DivDAX und den MSCI World.
- Ich „rebalance" mein Portfolio einmal jährlich.

Die Digitalisierung der Finanzbrache ist auf allen Ebenen sichtbar. Somit hat auch die Kreditvergabe eine ganz neue Wendung erfahren. Das zeigt sich in der beeindruckenden Entwicklung des sogenannten „peer-to-Peer Lendings" (P2P). Peer-to-Peer Lending ist hierzulande noch kaum bekannt. Dabei bietet die P2P-Kreditvergabe eine Möglichkeit, hohe Renditen mit einem durchaus sozialen Charakter zu verbinden und dabei den Banken sogar ein Schnippchen zu schlagen.

P2P-Kredite sind Direktkredite von Privatperson zu Privatperson. Die Transaktionen werden über digitale Plattformen abgewickelt und machen damit Banken (und ihre teils horrenden Gebühren) für den Verleihprozess nahezu überflüssig. Wie überall in der Wirtschaft herrscht auch bei der Kreditvergabe das Grundprinzip von Angebot und Nachfrage. In vielen Ländern herrscht eine hohe Nachfrage nach Krediten, doch das Angebot lässt häufig zu wünschen übrig. Während ein Kredit mit 10 Prozent Zinsen in Litauen oder Spanien ein gutes Geschäft für den Kreditnehmer bedeutet, können wir hierzulande derartige Renditen nur durch hochriskante Geschäfte erzielen. Es entsteht damit eine Situation, von der beide Seiten profitieren können.

Die Funktionsweise von P2P-Krediten in 3 Schritten

1. Im ersten Schritt musst Du auf einer oder mehrerer Deinen Präferenzen am besten komplementierenden Plattformen ein Konto eröffnen. Anschließend kannst Du dort, unter Verwendung Deiner Investoren-ID, Geld per Überweisung einzahlen.

2. Dein Geld kann nun als Kredit an Dritte, über sogenannte Anbahner, vergeben werden. Das geschieht entweder manuell, indem Du die Kredite und Kreditnehmer analysierst und entscheidest, ob Du Dein Geld dort unterbringen möchtest, oder mithilfe der Autoinvest-Funktion.

3. Solltest Du Dein Geld eines Tages wiederhaben wollen, kannst Du es Dir auf Dein Konto überweisen. Möchtest Du Kredite liquidieren, hast

Du zwei Möglichkeiten. Du kannst warten, bis die Kredite zurückgezahlt (Zinsen + Tilgung) worden sind, und Dir das Geld ausbezahlen. Hierfür ist es wichtig, dass Du die Autoinvest-Funktion deaktivierst. Du kannst Deine Kredite aber auch am Sekundärmarkt verkaufen und damit zügiger an Dein Geld kommen. Dies geht jedoch häufig mit Verlusten einher!

Die wichtigsten Begriffe im P2P-Investing erkläre ich Dir in meinem Blogartikel (unter geldsystem-verstehen.de/passives-einkommen-mit-p2p-krediten/).

<u>Meine Tipps für cleveres P2P-Investing</u>

1. Investiere nicht mehr als 5% Deines Vermögens auf einer einzigen Plattform. Du hast bei P2P-Plattformen nämlich meistens ein dreifaches Risiko. Plattformen, Darlehensanbahner und Kreditnehmer können ausfallen! Diversifiziere daher unbedingt über mehrere Plattformen, um das Plattform-Risiko zu reduzieren.

2. Halte Dich an das ungeschriebene Gesetz, nicht mehr als 1% Deines Portfoliowertes in ein einziges Projekt bzw. einen einzigen Kredit zu investieren. Diversifiziere Deine Kreditvergabe also, indem Du z. B. ein Prozent Deines Gesamtinvestments auf der Plattform pro Kredit investierst (mind. 5€). Dadurch gewährleistest Du eine möglichst breite Diversifikation. Noch kleinere Stückelungen senken zwar meist das Risiko, allerdings erhöht sich dann auch Dein Verwaltungsaufwand exponentiell. Außerdem wollen wir ja passives und nicht aktives Einkommen erzeugen. Dafür ist ein Diversifikationsgrad von einem Prozent absolut ausreichend! Du musst also nicht die maximale Diversifikation anstreben, indem Du den Mindestinvest ausreizt! Sammele allerdings auch hier Deine eigenen Erfahrungswerte.

3. Passe Deine gewählten Parameter regelmäßig an.

4. Steuern: Hole Dir vom Finanzamt die Bestätigung, dass Du Deine Steuern in Deutschland bezahlst, sonst musst Du sie möglicherweise im Ausland (z. B. Lettland) abführen, bekommst sie aber nicht mehr

zurück – das berühmte Dilemma der Doppelbesteuerung! Das Formular heißt Ansässigkeitsbescheinigung. Du kannst es beim Bundeszentralamt für Steuern herunterladen. Fülle es aus, sende es bei Deinem Finanzamt ein und warte auf die Bestätigung.

5. Stelle eine größere Portfoliogröße ein, als Dein aktuell investierter Betrag, damit Du durch den Autoinvest auch auf den angestrebten Betrag kommst. Sonst hört dieser Mechanismus zu früh auf und reinvestiert womöglich nicht mehr!

6. Ich persönlich habe nur in die Plattformen investiert, die die Autoinvest-Funktion anbieten. Ich hab keine Lust darauf, aktiv zu investieren, sondern will ja passives Einkommen erzielen!

7. Mache Dir keinen Kopf, wenn Kredite ausfallen. Solange die Rendite im Durchschnitt stimmt, ist das völlig egal und ja auch normal! Auch hierzulande fallen Kreditnehmer aus und Restsummen müssen abgeschrieben werden. Denke daran, dass wir in erster Linie an den Zinsen interessiert sind. Wenn unser Investment also gering ist (kleiner Mindestinvest), dann können wir durch die Zinsen unser Investment bereits innerhalb eines Jahres zurückerhalten haben. Alles, was dann kommt, ist praktisch Bonus (+ Tilgung am Ende). Du lernst somit auch ein bisschen, wie das traditionelle Kreditgeschäft bei Banken funktioniert.

8. Wenn Du über einen Online-Auftritt oder Social-Media Kanäle verfügst, kannst Du Deine Rendite durch Affiliate-Links der jeweiligen Plattformen zusätzlich erhöhen. Ich nutze diesen Weg ebenfalls. Solltest Du Dich über einen der Links einer P2P-Plattform aus meinem Vergleichsreport eintragen, erhalte ich hierfür eine kleine Provision und Du, bei den ein oder anderen, einen zusätzlichen Bonus. Für Dich hat dies keinerlei Nachteile.

Den gratis PDF-Report kannst Du hier herunterladen
http://www.geldsystem-verstehen.de/Passives-Einkommen/
p2p%20und%20crowdinvesting_7_geniale_Anbieter_PDF.pdf

Die P2P-Kreditvergabe ist eine nette Möglichkeit, Dein Portfolio zu streuen, zusätzliche Rendite zu generieren, passives Einkommen bzw. Vermögen aufzubauen und dabei den Banken eins auszuwischen – und das bei minimalem Aufwand!

Millionär werden – der Unternehmer in Dir

„Milliardäre sind Leute, die auch einmal als ganz
gewöhnliche Millionäre angefangen haben."
~ Jerry Lewis

Würdest Du Deinem Kommilitonen, Arbeitskollegen oder Freund sagen, dass es Dein Ziel ist, in einigen Jahren Millionär zu sein, würden sie Dich wahrscheinlich für verrückt und größenwahnsinnig erklären. Wer in unserer Gesellschaft heute derartige Aussagen trifft, wird als gierig und vom Geld getrieben dargestellt.

Aus meiner Sicht hat dies zwei Gründe. Zum einen sprechen hier alte Denkgewohnheiten und vom Umfeld und Eltern übernommene Glaubensmuster und zum anderen der Neid aus den Menschen. Der Neid, dieses Ziel eigentlich selbst gerne erreichen zu wollen, es aber - aus Angst vor dem Scheitern (bzw. der Verurteilung des Umfeldes darüber) – niemals zugeben zu können.

Ich bin offen und ehrlich. Mein Ziel ist es Millionär zu werden. Ich möchte die finanzielle Freiheit besitzen, alles tun und erleben zu können, worauf ich Lust habe. Ich möchte nichts auslassen, was das Leben zu bieten hat. Dafür ist es viel zu kurz. Zudem möchte ich mein Einkommen von Monat zu Monat steigern, weil ich der Überzeugung bin, dass ich damit Gutes schaffen, ökologisch-nachhaltige und ethisch-soziale Projekte unterstützen kann und jenen Menschen helfen werde, die wirklich in Not sind – nur, weil sie in andere Verhältnisse hineingeboren wurden.

Die entscheidende Frage für mich ist vielmehr, auf welche Art und Weise man dieses Ziel erreicht. Man kann es unehrlich und unsozial erreichen, oder aber, ein Unternehmen gründen, Arbeitsplätze schaffen und Bedürfnisse des Marktes zur vollen Zufriedenheit erfüllen. Gelingt letzteres, folgt das Geld von ganz allein. Dann werden wir selbst zu einem Geldmagneten, der immer mehr Geld anzieht.

Wenn Du ein ähnliches Ziel hast, führt kein Weg an der Selbstständigkeit respektive der Gründung eines Unternehmens vorbei. Das tolle ist, dass wir heute, in Zeiten von Internet und Digitalisierung, viele Prozesse auslagern und automatisieren, günstig werben und Menschen quer über den Globus beschäftigen und erreichen können.

Ein eigenes Unternehmen zu gründen ist heute einfacher denn je, solange man einige wichtige Grundlagen berücksichtigt. Diese möchte ich Dir in diesem Kapitel, in aller gebotenen Kürze, vorstellen.

Während die meisten „Möchtegern-Gurus und Coaches" empfehlen, eine Leidenschaft zu leben, halte ich diesen Ratschlag für töricht. Schließlich kann man nur von etwas leben, wofür auch Nachfrage besteht. Sonst wirst Du auch als Genie am Hungertuch nagen. Daher gilt es in erster Linie, diese Nachfrage zu bedienen. Nachfrage entsteht immer durch Bedürfnisse der Menschen nach etwas. Gelingt es Dir, diese Bedürfnisse zu stillen, wird die Bezahlung ganz automatisch folgen. Die Maslow'sche fünfstufige Bedürfnispyramide bietet eine gute Ausgangssituation, Geschäftsideen zu evaluieren.

#1: Körperliche Bedürfnisse (Essen, Trinken, Schlafen, Sexualität)
#2: Sicherheitsbedürfnisse (materielle und berufliche Sicherheit)
#3: Soziale Bedürfnisse (Gruppenzugehörigkeit, Kommunikation, Partnerschaft, Freundschaft, Liebe)
#4: Individualbedürfnisse (Anerkennung, Geltung, Selbstakzeptanz, Selbstbewusstsein, Erfolg)
#5: Selbstverwirklichung (Individualität, Spiritualität, Dankbarkeit, Selbstlosigkeit, Helfen)

Anhand dieser Bedürfnisse habe ich für Dich 9 Märkte herausgefiltert, die auch langfristig lukrativ bleiben werden und innerhalb derer mit einer sehr hohen Wahrscheinlichkeit Nachfrage nach Deinem Produkt oder Deiner Dienstleistung besteht:

#1: Gesundheit und Fitness

#2: Ernährung (Diät)

#3: Geld verdienen und Geld sparen

#4: Beziehungen und Dating

#5: Motivation und Erfolg

#6: Business und Entrepreneurship

#7: Marketing und Werbung

#8 Spiritualität, Positive Psychologie und Selbstverwirklichung

#9: Produktivität, Leistung, Zeitmanagement und Stressmanagement

Der entscheidende Clou, Bedürfnisse zu befriedigen liegt nach MJ DeMarco darin, einen oder mehrere der folgenden Punkte zu erfüllen.

#1: Bilde Menschen weiter und lehre sie etwas

#2: Erleichtere etwas

#3: Gib' bzw. biete Sicherheit (Haus, Gesundheit, etc.)

#4: Sorge dafür, dass sich Menschen besser fühlen (Entertainment, etc.)

#5: Unterstütze Träume und gib' Hoffnung

#6: Hilf' dabei ein Problem zu lösen

#7: Hilf' dabei besser auszusehen

#8 Befriedige Appetit (von Essen bis Sexualität)

#9: Kreiere positive Emotionen (Liebe, Glück, Selbstbewusstsein, etc.)

Nun hast Du vielleicht Ideen, sagst aber, Du hättest nicht die Fähigkeit oder das Talent, sie umzusetzen. Hierfür habe ich leider keine zuckersüße Antwort für Dich bereit, sondern nur die bittere Wahrheit.

Lerne, bilde Dich weiter und eigne Dir monetarisierbare Fähigkeiten an! Das geschieht nicht in der Schule oder der Uni, sondern durch die Kombination aus implizitem und explizitem Wissen. Praktisches Handanlegen ist gefragt!

Anhand der obenstehenden Parameter kannst Du Deine Produkt- bzw. Dienstleistungsidee überprüfen und evaluieren. Danach geht es an die Umsetzung. Eine Anleitung, dies im Onlinebereich zu tun, hast Du bereits erhalten. Außerdem gibt es hierfür bereits jede Menge kostenlose Tutorials. Wichtig ist, dass Du auf eine Entkopplung Deiner Zeit von der Arbeit achtest und einen Vertriebskanal besitzt, der es ermöglicht, Deine Produkte bzw. Dienstleistungen ohne großen zusätzlichen Aufwand praktisch unendlich skalieren zu können.

Orientiere Dich am besten an folgendem Motto.

Wenn Du Millionen Menschen hilfst, machst Du Millionen.
Wenn Du wenigen Menschen exorbitant hilfst, machst Du Millionen.
Wenn Du vielen Menschen exorbitant hilfst, machst Du Milliarden..!

Es gilt also entweder Millionen Menschen mit unseren Produkten oder Dienstleistungen zu erreichen und zu helfen (geringe Preise), oder aber, wenigen Menschen extrem zu helfen (hohe Preise). Ich biete zum Beispiel einen Marketing-Videokurs für Autoren für 499€ an. Das mag auf den ersten Blick nach viel Geld aussehen, allerdings garantiere ich umsatzrelevanten Erfolg (sollte es jemand nicht schaffen, bekommt er sein gesamtes Geld zurück – ist übrigens noch nicht vorgekommen) und biete Mehrwert, der ein Vielfaches des Verkaufspreises gerechtfertigt. Bei diesem Preis genügen 2.000 Kunden, um eine Million Euro Umsatz zu machen. Das werde ich, aller Voraussicht nach, 2018 erreichen. Damit wird klar, weshalb es nachfolgende, zentrale Reichtumsgleichung, zu optimieren gilt:

Umsatz = Anzahl der Verkäufe (Reichweite) x Preis (Marge)

Diese einfache Formel ist der essentielle Baustein eines guten und erfolgreichen Unternehmens. Solange Du beide Faktoren maximierst, hast Du eine unzerstörbare Gelddruckmaschine, der immer schneller immer mehr Einkommen erzeugt.
Last but not least möchte ich Dir einige Schlüsselaspekte auf dem Weg zum Reichtum vorstellen. Einige stammen aus dem Buch „The Millionaire Booklet" des Verkaufsgurus Grant Cardone. Sie sollen eine inspirierende Initialzündung sein und Dich motivieren, jetzt erste Schritte zu unternehmen.

#1: Jeder kann superreich werden. Die meisten Menschen werden es aber nie, weil dieses Wissen nicht von Eltern, Schulen oder Universitäten gelehrt wird.

#2: Viele Menschen haben im Alter von 10 Jahren mehr Geld, als im Alter von 35 (da sie sich verschulden).

#3: Die Idee, „genug zum leben" zu haben, ist lächerlich und sollte nicht der Anspruch an Dich selbst sein.

#4: Sobald Du die obige Rechnung wirklich verinnerlicht hast, ist es extrem einfach, reich zu werden. Du musst lediglich die Parameter optimieren.

#5: Wohlstand entsteht nicht durch sparen oder investieren, sondern durch einen konstanten Anstieg des Einkommens (Unternehmertum).

#6: „Follow one path until you are successful" (FOCUS). Wenn Du einen lukrativen Weg (Nische) gefunden hast, bleibe bei ihr und perfektioniere sie und besetze sie als Experte.

#7: Sobald Du bezahlt wirst, übertrage direkt einen Großteil Deines Einkommens auf ein separates Sparkonto, das Du gar nicht erst anfasst. Da Du nun weniger Geld zum Ausgeben zur Verfügung hast, zwingst Du Dich dazu, mehr Einkommen zu erzeugen. Investiere einen Großteil Deines Sparguthabens in verschiedene Assetklassen wie ETFs, Aktien, P2P-Plattformen, Crowdinvesting-Plattformen oder Bitcoins.

#8: Kreiere mehrere, miteinander verbundene (passive) Einkommensströme und vernachlässige nicht die existierenden. Wiederhole dabei das System von Einkommen sparen, investieren und erhöhen.

#9: Bildung ist Dein größter Vermögenswert. Bilde Dich stets weiter, kombiniere explizites mit implizitem Wissen und Du wirst Dir Fähigkeiten aneignen, die für andere Menschen von Wert und damit monetarisierbar sind.

#10: Bilde neue Beziehungen immer mit Menschen, die besser, größer und mächtiger sind als Du. Niemals mit jenen, die genauso groß oder kleiner sind. Du bist der Durchschnitt der 5 Menschen, mit denen Du am meisten Zeit verbringst.

#11: Der Schlüssel, Dein Leben zu verändern, liegt in verändertem Handeln. Deine vergangenen Taten definieren, wer Du heute bist und legen heute fest, wer Du morgen sein wirst. Wenn Du also wahrlich den Willen zur Veränderung in Dir trägst, beginne jetzt damit. Veränderung verlangt von Dir die tägliche Wiederholung dieser veränderten Aktionen. Neue Routinen definieren Dein neues, zukünftiges Selbst.

In 4 Schritten vom Tellerwäscher zum Millionär (Bonus)

„Der Arme muß lernen, sich selber zu helfen. Es kann ihm sonst niemand helfen, und es hilft ihm sonst niemand."
~ Johann Heinrich Pestalozzi

Ich habe es mir zum Ende meiner Bücher zur Gewohnheit gemacht, eine zusammenfassende Schritt-für-Schritt Schnellstartanleitung zu erstellen. Sie ist meiner Erfahrung nach, und den hunderten Rückmeldungen begeisterter Leser zufolge, eine der besten Wege, Dich zum Handeln zu inspirieren und zu motivieren. Nutze sie als Orientierung und Basis für Deinen Schnellstart. Sobald Du durch Deine neuen, wiederholten Handlungen Momentum aufgebaut hast, wird Deine Motivation nur noch größer werden.

#1: Verstehe die Funktionsweise des Geld- und Wirtschaftssystems. Es ist ein Konstrukt, das Dich entweder ein Leben lang im Hamsterrad gefangen halten oder finanziell frei machen kann. Freiheit, die Du für die Realisierung Deiner Träume und die Unterstützung anderer Menschen nutzen kannst. Das sind die wichtigsten Punkte:
- Geld allein macht nicht glücklich.
- Suche Dir Ziele, jenseits des Geldes. Das Warum sollte zu Deinem größten Motivator werden.
- Achte darauf, dass Deine Ausgaben mit steigendem Einkommen nicht zunehmen.
- Die meisten Menschen sind sich nicht bewusst, dass sie jeden Tag. kostbare Lebenszeit gegen Geld tauschen.
- Inflation kann Dich arm oder reich machen.

#2: Geld sparen bringt die besten Renditen. Schließlich können wir Geld, das wir gar nicht erst ausgeben, für die Realisierung unserer wahren Träume nutzen und/oder investieren. Das sind die wichtigsten Punkte:

- Verschaffe Dir zuerst einen Überblick über Deine Ausgaben und Einnahmen (z. B. mit einem Haushaltsbuch). Plane Deine Ausgaben anschließend sorgfältig und tätige sie überlegt.
- Gehe Budgetfallen aus dem Weg und reduziere laufende Verbindlichkeiten auf das Minimum. Nur wer einige Jahre lebt, wie es kaum jemand will (minimalistisch), wird den Rest des Lebens leben können, wie es kaum jemand kann (finanziell frei).
- Finanzieller Minimalismus kann geistig und emotional befreien. Ich selbst lebe nach dem Motto „wer wenig braucht, hat alles."

#3: Stetig steigendes Einkommen ist der einzige Weg zu Reichtum. Dieses über einen Job als Angestellter zu erreichen ist nahezu unmöglich, da die Steigerungsraten zu gering sind und die Höhe in der Regel begrenzt ist. Das sind die wichtigsten Punkte:

- Über je mehr Fähigkeiten Du verfügst, die Bedürfnisse erfüllen und Probleme lösen, umso größer ist Dein Wert im Kapitalismus.
- Fähigkeiten und Wissen kannst Du Dir implizit und explizit aneignen. Doch erst die Kombination macht Dich finanziell frei. Dabei vertrete ich den Standpunkt, dass jeder fast alles lernen und meistern kann. Deine Zeit zu Gunsten Deiner Fähigkeiten einzusetzen, bringt den höchsten „Return on Investment" (Investmentrendite), wird aber leider nirgends gelehrt.
- Ein skalierbares, automatisierbares Internet-Business ist ein einfacher und kostengünstiger erster Schritt, mit Deinen Fähigkeiten viele Menschen zu erreichen und ihnen zu helfen. Die Vergütung folgt dann meist von ganz allein.

#4: Geld zu vermehren ist heute einfacher denn je. Aber auch dieses Wissen wird weder von Eltern, noch an Schulen oder Universitäten gelehrt. Daher musst Du Dir dieses Wissen selbst aneignen.

- Nutze passives Einkommen, um Deine Arbeitszeit zu skalieren und die Auslieferung Deiner Produkte und Dienstleistungen zu automatisieren. Das stärkste und einfachste Werkzeug, passives Einkommen zu erzeugen, ist Geld selbst.
- Es gibt heute, und auch in Niedrigzinszeiten, viele Möglichkeiten, Geld passiv anzulegen und für sich arbeiten zu lassen. Dazu zählen ETFs, Dividendenaktien, P2P-Plattformen, Crowdinvesting und eingeschränkt Kryptowährungen.
- Streue Deine Investitionen über mehrere Assetklassen. Je breiter Du diversifiziert bist, umso geringer das Risiko und umso passiver kannst Du Deinem Vermögen beim Wachsen zusehen.
- Passives Einkommen heißt nicht, nicht arbeiten zu müssen!
- Nutze den Zinseszins-Effekt, um nebenher ein Vermögen aufzubauen und Liquidität zu gewährleisten.
- Ohne den Schritt in die Selbstständigkeit bzw. das Unternehmertum, hast Du keine Chance, noch in jungen Jahren Millionär zu werden und finanziell frei zu leben.

Solange Du Dich an diesen vier Schritten orientierst, bist Du auf dem besten Wege, eine unzerstörbare Gelddruckmaschine zu bauen. Ein System, mit dem Du Dein eigenes Potential lebst, Menschen hilfst und Deine Träume verwirklichen kannst. Ich weiß, dass dieser Pfad gerade zu Beginn besonders steinig und schwer erscheint. Doch genau deshalb musst Du jetzt damit anfangen. Der erste Schritt ist der schwierigste. Zu Beginn muss, ähnlich einer Dampflock, immer am meisten Energie aufgewendet werden, den Zug in Bewegung zu setzen. Sobald Du aber Momentum aufgebaut hast, wird der von Dir geforderte Energieaufwand den Zug auf Geschwindigkeit zu halten, oder gar zu beschleunigen, immer geringer. Wofür Du dann nur noch sorgen musst, ist, stetig, Tag für Tag, Kohle nachzuschieben – also etwas Zeit zu investieren –, damit der Zug, Deine Gelddruckmaschine, weiterläuft.

Der Lifestyle finanzieller Freiheit

„Man soll nicht aufhören, bevor es am schönsten ist."
~ Walter Ludin

Geld war für mich schon immer nur ein Mittel zum Zweck. Minimalistisch zu leben fällt mir daher nicht schwer. Ich tue ich es, damit ich schon bald so leben kann, wie ich es mir schon immer erträumt habe. Genau dazu möchte ich Dich auch animieren. Nimm' Deine (finanzielle) Zukunft selbst in die Hand, denn niemand sonst wird es für Dich tun!

Für welchen Zweck ist Geld nun das Mittel für mich?
Geld ist im herrschenden Geld- und Wirtschaftssystem das Mittel, in zeitlicher Freiheit und Unabhängigkeit leben zu können. Solange wir unsere wertvolle Lebenszeit, gegen Geld - ein künstliches Konstrukt ohne wahren intrinsischen Wert – tauschen, sind wir im Hamsterrad gefangen und bleiben in unserer Freiheit eingeschränkt. Lebenszeit ist das kostbarste Gut, das wir besitzen. Es zu maximieren, sowohl qualitativ als auch quantitativ, sollte das Ziel sein.

Ich wünsche Dir allen erdenklichen Erfolg dabei, Deine eigene Gelddruckmaschine zu entwerfen. Bei Fragen kannst Du Dich jederzeit an mich unter *chris@indie-bücher.de* wenden. Damit Du Dich zu Strategien, Tipps und Tricks austauschen kannst, habe ich die geschlossene Facebook-Gruppe „Die Gelddruckmaschine – Community für mehr Zeit, mehr Geld, mehr Leben" ins Leben gerufen. Als Leser dieses Buches kannst Du ihr jetzt beitreten.

Mit den besten Wünschen
Chris

Konntest Du etwas lernen?

Jetzt kommen wir zu dem Teil des Buches, in dem ich Dich um einen kleinen Gefallen bitte. Solltest Du es nicht bereits wissen, Rezensionen sind ein extrem wichtiger Bestandteil von Produkten. Kunden verlassen sich auf Deine Rezensionen, wenn sie Kaufentscheidungen treffen. Deine Rezensionen helfen meinen Büchern innerhalb eines schon fast überfüllten Amazon-Marktplatzes, sichtbarer zu werden.

Solltest Du Gefallen an diesem Buch gefunden und vielleicht sogar eine Aha-Effekte erlebt haben, wäre ich Dir sehr dankbar für Deine Bewertung auf Amazon. Erwähne in der Bewertung kurz, was Dir ganz besonders gut gefallen hat und natürlich auch (konstruktiv), solltest Du etwas vermisst haben – das dauert wirklich nicht länger als 2 Minuten und ist ganz einfach. Gehe auf Amazon.de → Mein Konto → Meine Bestellungen → Verfassen Sie eine Produktrezension

Sagen Sie Ihre Meinung zu diesem Artikel

Kundenrezension verfassen >

Ich lese wirklich jede Bewertung und jedes persönliche Feedback (*chris@indie-bücher.de*). Das hilft mir schließlich dabei, meine Bücher stetig zu verbessern. Daher wäre ich Dir sehr dankbar, wenn Du dieses Buch offen und ehrlich bewertest.

Vielen herzlichen Dank nochmal für Deine Geduld und Unterstützung.

Chris

Über den Autor

Christopher Klein wurde 1987 in Landau an der Isar in Bayern geboren. Während seines Studiums der Volks- und Betriebswirtschaftslehre verfasste er, im Alter von 26 Jahren, seine ersten beiden Bestseller „Tag auf Tag im Hamsterrad" sowie „Der Hamster verlässt das Rad". Sein Buch „Geld sparen und clever reich werden" aus dem Jahre 2016 erreichte ebenfalls Bestsellerstatus. Das bislang erfolgreichste Buch seiner Reihe trägt den Titel „Nine-to-five muss nicht sein". Auch sein neuestes Werk „Die Faulbär-Strategie zur Million" fand bereits tausende begeisterte Leser.

Der Autor, immer offen für Feedback und Rückfragen, kann über die E-Mail-Adresse *chris@indie-bücher.de* erreicht werden.

Die Bücher von Christopher Klein sind erhältlich auf:
https://www.amazon.de/-/e/B00LPWD4VY

Empfehlenswerte Literatur anderer Autoren

Abschließend möchte ich Dir noch einige Klassiker der praktischen Finanzliteratur vorstellen. Wer viel liest, lernt und eignet sich das notwendige Hintergrundwissen an, um zielgerichtet handeln zu können. „Readers are leaders!" Für mich ist jedes Buch kostbar, weil jedes Buch wenigstens einen neuen und wichtigen Aspekt aufzeigt.

Rich Dad Poor Dad (Robert Kiyosaki)
Denke nach und werde reich (Napoleon Hill)
Der reichste Mann von Babylon (George Clason)
Die 4-Stunden Woche (Timothy Ferriss)
Reich werden und bleiben (Rainer Zitelmann)
Der Weg zur finanziellen Freiheit (Bodo Schäfer)
Wie man Freunde gewinnt (Dale Carnegie)
Die Kunst, über Geld nachzudenken (André Kostolany)
Souverän investieren mit Indexfonds und ETFs (Gerd Kommer)
The Big Five for Life (John Strelecky)
Der entspannte Weg zum Reichtum (Susan Leverman)
Money (Tony Robbins)
Cashkurs (Dirk Müller)
Das 4-Stunden Start-up (Felix Plötz)
Der Go-Giver (Bob Burgh)

Danksagung

Wenn ein Buch erscheint, steht fast immer der Autor im Mittelpunkt. Tolles Feedback und Leserzuschriften landen ausschließlich in meinem Postfach, obwohl viele andere Personen entscheidend an der Entstehung mitgewirkt haben. Ob als Ideengeber, Lektoren, Testleser oder Designer, ein Buch wäre ohne diese Menschen eine doppelte Herkulesaufgabe. Das war auch dieses Mal der Fall. Ohne die Hilfe meiner Eltern, die geduldig lektoriert und korrekturgelesen haben, wäre dieses Buch nicht halb so vollkommen. Nicht oft genug bedanken kann ich mich für ihr Vertrauen in mich, meine Fähigkeiten und darin, meinen ganz eigenen Weg zu gehen. Wieder und wieder, Danke! Meine Freundin, Luisa, hat eine einzigartige Gabe. Sie ermuntert mich immer wieder, weiterzumachen, wenn ich am liebsten das Handtuch werfen würde. Meine Eltern, Frank, Martin und Matthias verdienen ein Lob als treue Testleser und Lektoren. Jens, Co-Autor bei einigen vorherigen Titeln, war ebenfalls wertvoller Ideengeber und besonders beim Buchlaunch eine große Unterstützung.

Vielen Dank für Eure treue Unterstützung!

Haftungsausschluss und Angaben nach §34b WpHG

* = Affiliate Link

24374626R00059

Printed in Poland
by Amazon Fulfillment
Poland Sp. z o.o., Wrocław